ビジネス日本語

Business Japanese

T0352602

ビジネス日本語

Business Japanese

Shoji Azuma and Ryo Sambongi

Georgetown University Press/Washington D.C.

Georgetown University Press, Washington, D.C.
© 2001 by Georgetown University Press. All rights reserved.
Printed in the United States of America

10 9 8 7 6 5 4 3 2 1   2001

Library of Congress Cataloging-in-Publication Data

Azuma, Shoji.
  Business Japanese / Shoji Azuma, Ryo Sambongi.
    p. cm.
  ISBN 0978-0-8784-0855-9 (pbk. : alk. paper)
    1. Japanese language—Business Japanese. 2. Japanese language—Textbooks for
foreign speakers—English. I. Sambongi, Ryo. II. Title.

PL538.C6 A98 2001
495.6'82421'02465—dc21   2001023258

目　次
Contents

まえがき

日本語学習の目的は多様化してきているといわれている。その中でもビジネス、経済と関連づけて日本語を学習しようという学生が最近増えてきている。従来のように、文学、文化、言語といった伝統的あるいは学究的な分野だけではなく、もっと実学的で将来、役に立つと思われるような分野に対する注目が高まってきたといえるだろう。したがって、こういった要望に答えるために、「ビジネス日本語」と冠する科目も開講されるようになってきた。しかしながら、比較的新しい分野のため、教材の種類、量ともにまだ十分とはいえない。

本書は、このような状況をふまえて、北米そして日本でビジネス、語学教育に関係してきた二人の著者によって作成された。本書を作成する段階で注意した項目として、次の3点をあげることができるだろう。

（1）実際の言語使用場面での運用能力を高めることはもちろんだが、それだけで終るのでは大学という高等教育の一翼を担うことはできない。知的探究心を刺激し、認知能力、異文化間での問題解決能力などを高めることも目的とするような教材でなければならない。

（2）日本語そのものを学ぶというよりは、日本語を通じて新しい未知の情報、価値感、考え方などを学ぶことを目的とした、いわゆるコンテント・コースとして使用に耐えうる教材とする。

（3）一歩教室の外に出ると、日本語の使用機会がほとんどない北米での日本語学習では、「読む」というインプット行為が中心にならざるを得ない。しかしながら、本書では、種々のタスクを通じて「書く」、「話す」というアウトプット行為にもつなげていけるような教材とする。

以上のような基本概念をもとに作成された本書は、その性格上、単に「ビジネス日本語」のクラスだけでなく、一般的な日本語中、上級のクラスでも使えるものとなっている。カタカナの日本語から数字の日本語までと幅広い言語材料を取り入れた本書を、従来の日本語教材とは一風変わって、学習者に知的興味を呼び起こしながらも、なおかつ現実的に役に立つようなテキストとして大いに利用していただければ幸いである。

本書の使い方

もとより、一つの決まった教え方がすべての学習者に効果的であるとは決していえない。学習者のレベル、興味、目的、学習時間などに応じて、弾力的な教え方が必要となってくるであろう。したがって、本書は第一章から順番に始めなければいけないといったものではなく、どの章から始めてもよく、またその順序、教え方にもいろいろなバリエーションが考えられるだろう。さらに、本書の教材に加えて、教師が自分のクラスに応じて適切な自主教材を加味しながら教えていくことも一つの方法だろう。

各章、それぞれ pre-reading task が設けられている。これは学習者にその課の内容に関連したことで、一般的な質問、タスクを与えることによって、その課への動機づけを促す目的で設けられている。学習者が自分の経験、知識に照らし合わせて考えてみたり、自分の国の文化、システムと比較することなどによって、学習者と課の内容に関連性を作り上げることが目的である。学習者は、学習内容が自分となんらかの関係があると感じた時にこそ、学習効果は上がるといえるだろう。逆にいうと、学習者が自分と関係ないと感じた時には、あまり学習効果は期待できないといえるだろう。

それぞれの課では、メインとなる読みの教材がある場合もあるが、いくつかの連続したタスク中心の構成となっている場合もある。いずれの場合でも、ポイントはできるだけ学習者が積極的に種々の作業をするという行為を通じて言語を学習するという点に主眼をおくべきであろう。教師が先に

答えを与えてしまうというのではなく、学習者に主体的に考えさせる、そしてその考えるというプロセスを大切にすることから、認知的な言語能力が鍛えられていくといえるだろう。常に、読み教材の内容にチャレンジする（著者の意見は本当だろうか、片寄っている、間違っているのではないだろうか）という姿勢を学習者だけでなく、教師自身も持ち続けることが教室での学習経験を面白く興味深いものにしていくといえるだろう。

各課には、ボキャブラリー・リストが設けられているが、これはあくまでも学習者が与えられた日本語の文章、情報を自分で読み解いていくための補助であり、ボキャブラリー・リストそのものを学習目的としないようにしたい。できれば、最初に読む時は、ボキャブラリー・リストにたよらないで、独力で文脈から推理しながら読む練習をするように指導したい。未知の単語、表現を推理するという能力は、学習者がどんなに高度なレベルになっても必ず必要となる大切な能力であるということを忘れないようにしたい。

それぞれの設問の答えは、巻末にも解答例としてあげられているが、これはあくまでも一つの例にすぎない。もし、他の答えも可能な場合は、学習者に別の可能性も考えるように奨励することも大切になるだろう。

Preface

The goals of Japanese language study are broadening. In the midst of this change, there is a recent increase in the number of students who wish to study Japanese in connection with business and economics. There is increased attention not just toward traditional academic areas of language learning, like literature, culture, and language, but also toward more practical fields thought to be useful in the future. In response to this demand, schools have begun to offer a course of study titled "Business Japanese," but because if the comparative newness of the field, there is an insufficient variety or quantity of educational materials.

We have created this book out of our experience with both North American and Japanese business and language teaching. We focused on the following three points during the creative stages of writing this book:

> (1) Although the goal of improving practical language skills in actual encounters is expected, in university higher education the responsibility cannot end there. The goals of the curriculum must also include stimulating a desire for intellectual exploration and raising cognitive skills and problem-solving skills concerning foreign cultures.

> (2) We sought to create course materials that would meet the goal of learning unfamiliar information and value systems rather than simply the Japanese language itself.

> (3) Japanese language learning in North America presents few opportunities to use Japanese outside the classroom. As a result, reading, an input activity, necessarily becomes the focus. However, we have sought to connect these course materials with an output activity, such as writing or speaking, through various tasks.

Based on these concepts, this book is usable not only in learning business Japanese but also in general intermediate and advanced Japanese courses. We hope that this book, which includes broad linguistic material from *katakana* to numbers, will be used in a different manner from the traditional Japanese language learning materials—as a text that, while awakening intellectual interest in the learner, will also be useful in real life.

How to Use This Book

It impossible to say that one method of teaching is effective for every student. A flexible teaching method that meets the interests, level, goals, and available time of the student is necessary. Therefore, this book needs not to be studied in chronological order from first chapter to last. The teacher might add to the text by supplementing with appropriate independent materials in response to the needs of his or his class. There can be many variations in both the order and method of teaching.

Each chapter presents pre-reading tasks that relate the contents of the chapter to the student and motivates the student by providing general questions and tasks. The goal is to create a relationship between student and chapter content by trying to think in light of the student's experience and knowledge, and by comparing Japanese culture to the student's own culture and value system. When the student feels that the materials are related to him or her, it is likely to result in learning. Conversely, it is also likely that if the student feels that the materials are not relevant, not as much learning will take place.

In each lesson the main focus may be either the reading section or a series of tasks. In either instance, the key point is that one should place emphasis on learning a language through active work on various tasks. Language recognition skills are developed through independent thinking. The activities of the students and the teachers continually present challenges to the text (e.g., asking, Is the opinion of the author correct, biased, or mistaken?). This kind of challenge is what makes the in-class experience interesting and enjoyable.

A vocabulary list is included for each lesson to aid the student in reading and understanding the reading sections. We would like to keep the vocabulary itself from being the goal of study. It is advised that the student first do the reading without relying on the vocabulary list—to infer meaning from the context by their own efforts. We do not want to forget that the skill of inferring unknown vocabulary and phrases is important and necessary regardless of the level of the student. Answers to each of the problems are included as examples at the end of the book, but these are only examples of one possible answer. It is important to encourage the student to think of other possibilities and to know that other answers are possible.

About the Authors

Shoji Azuma, born in Ishikawa, Japan, in 1956, is associate professor of Japanese at the University of Utah. He studied at Waseda University and received his Ph.D in lingustics from the University of Texas at Austin on 1991. He has published *Shakai Gengogaku Nyuumon* (Tokyo: Kenkyuusha, 1997) and *Bilingualism* (Tokyo: Koodansha, 2000) among other books.

Ryo Sambongi, born in Fukushima, Japan, in 1960, is an entrepreneur and an instructor for Business Japanese at Brigham Young University. He graduated from Waseda University and received his M.B.A. from Brigham Young University in 1994. He worked for the South African Embassy in Tokyo for three years and for the International Investment Banking Division of Daiwa Securities in Tokyo for five years. He is currently a partner in several U.S.-Japan businesses and serves on the board of directors of several Japanese companies.

Lesson 1 ●●●●●●●●●●●●●●●●●●●●●●●

カタカナ
Katakana

Pre-reading Task

a.　日本語の文字は、みなさんも知っているとおり、３種類の文字のシステムから成り立っています。その３つとは何でしょうか。

b.　さて、それではどうして３つもシステムがあるのでしょうか。英語のようにひとつのシステムでじゅうぶんではないのでしょうか。

c.　カタカナは外来語を表わすために使われるということがわかったと思います。英語にはこのようなシステムはあるでしょうか。

日本へ行って街を歩くと、思ったより多くのものがカタカナでかかれているのに気が付きます。日本語というと、ひらがなと漢字でできていると思っていた人は特にびっくりすることでしょう。それでは、この課ではカタカナについて勉強してみましょう。

1 ひらがな・漢字・カタカナの役目

次の文章をもとに、ひらがな、漢字、カタカナの役目を考えてみなさい。

> ジョーンズさんは、アメリカ人です。現在、デルタ航空の極東支配人です。来年、シカゴへ転勤になるでしょう。

役目

① ひらがな

② 漢字

③ カタカナ

2 ひらがな・漢字・カタカナのニュアンス

次の単語リストは、それぞれのコラムの中で、微妙に意味が違います。それぞれのニュアンスはどういうものでしょうか。また、それぞれの単語の種類名を考えてみなさい。

	A	B	C
例1	宿屋	旅館	ホテル
例2	おもいつく	着想	アイデア
例3	取り消し	解約	キャンセル

種類名

A

B

C

ニュアンスの違い

A

B

C

---

3 | カタカナの発音

英語の "stop" や "McDonald's" は日本語になっています。しかし、発音の
しかたは英語とかなり違います。どのように違いますか。その特徴を３つ
あげなさい。さらに、それぞれカタカナで書いてみなさい。

発音の特徴

①

②

③

カタカナ

Stop   ....

McDonald's ....

4 | カタカナに慣れる

1. 次のカタカナを声にだして読んでみなさい。

1 チーズ	2 アイスクリーム	3 ハンバーガー	4 ビール
5 オレンジ	6 ジュース	7 ビスケット	8 ホット
9 ホットドッグ	10 ピーチ	11 ドレッシング	12 ヨーグルト
13 マッシュルーム	14 ミルク	15 ピザ	16 コーヒー
17 ケーキ	18 バナナ	19 レタス	20 ゼリー
21 パイナップル	22 シチュー	23 スープ	24 コンビニ
25 ゴルフ	26 オリンピック	27 バス	28 ダンス
29 フットボール	30 バスケット	31 アメフト	32 ゲーム
33 チャンス	34 パンチ	35 アイスリンク	36 チーム
37 スキー	38 サーカス	39 トロフィー	40 マネージャー
41 フィーバー	42 コスメチック	43 ショッピング	44 ジェスチャー
45 キス	46 スリップ	47 インフレ	48 デフレ
49 リストラ	50 バブル	51 シェア	52 キャリアアップ
53 システム	54 アルバイト	55 メーカー	56 コスト
57 ストライキ	58 ダメージ	59 ゼネラリスト	60 ポスト
61 ハイテク	62 トップ	63 ガット	64 サミット

65 ビジネス	66 パーセント	67 ニュアンス	68 レベルアップ
69 フロント	70 ワープロ	71 ロマンチック	72 グロテスク
73 パノラマ	74 ブックカバー	75 カレンダー	76 レイアウト
77 ハート	78 マナー	79 フォード	80 リムジン
81 クライスラー	82 マイカー	83 タクシー	84 オイル
85 エンジン	86 トンネル	87 バッテリー	88 キーホルダー
89 レンタカー	90 トラック	91 コピー	92 コマーシャル
93 デート	94 ドラマ	95 バー	96 ビニール
97 シート	98 パソコン	99 マルチメディア	100 プロセス
101 イノベーション	102 パートナー	103 ビジョン	104 スムーズ
105 オンライン	106 ターゲット	107 ニーズ	108 ライバル
109 リスク	110 コンセプト	111 グローバル	112 エレキギター
113 マーケット	114 ホームシック	115 テレパシー	116 ノンストップ
117 ユーモア	118 フィルム	119 パターン	120 ウェイトレス
121 イエスキリスト	122 ダメージ	123 カルチャー	124 ファン
125 イメージ	126 ウェディング	127 カジノ	128 タイピスト
129 プログラマー	130 ファイル	131 ロッカー	132 コンピュータ
133 カセット	134 ノート	135 オフィス	136 バーゲン
137 デパート	138 ウール	139 セーター	140 デスクトップ

141 チャンネル

142 ケンタッキーフライドチキン　　143 インフォメーション

144 スキューバダイビング　　145 アフターサービス

146 オンザジョブトレーニング　　147 ヘッドハンティング

148 ギブアンドテイク　　149 インターナショナル

150 カスタマーサービス   151 ディスカウントストア

152 ケースバイケース   153 サポートセンター

2．次のカタカナで書かれた言葉の意味を下の語群から選びなさい。

①___ ネゴシエーション   ②___ ノルマ

③___ ペンディング   ④___ ベースアップ

⑤___ ニュートラル   ⑥___ レイオフ

⑦___ トップダウン   ⑧___ クレーム

⑨___ セールスプロモーション   ⑩___ クライアント

⑪___ ランニングコスト ⑫___ ワーカホリック

ア．交渉　イ．各人が果たすべき一定の仕事量　　ウ．
保留、未決　エ．賃金水準の引き上げ　　　オ．販売
促進活動　カ．苦情、不満　キ．運営経費　ク．中立、
いずれの側にもつかないこと　ケ．取引先　コ．組織の
上層部から下部に伝達、命令する管理方法　サ．仕事中
毒　シ．顧客　ス．解雇

3．次の英語をカタカナを使って日本語にしなさい。英語の発音と違う
ところに注意しなさい。

① Multimedia   ② Money supply

③ Feedback   ④ Venture business

⑤ Flowchart   ⑥ Biotechnology

⑦ Production　　　　　　⑧ Dealer

⑨ Know-how　　　　　　⑩ Technical term

⑪ Software　　　　　　　⑫ Supervisor

⑬ Simulation　　　　　　⑭ Concept

⑮ Offer　　　　　　　　⑯ Instruction

⑰ Outlet　　　　　　　　⑱ Access

⑲ Identity　　　　　　　⑳ Item

4．次のカタカナを使って日本語の文を作りなさい。

① ホワイトカラー、ブルーカラー

② コンピューター、ネットワーク

③ マーケティング

④ サラリーマン

⑤ モデルチェンジ

⑥ ボトムアップ

⑦ イメージ

5．次の語句の意味を英語で書きなさい。

① アルバイト　　　　　　② ガソリンスタンド

③ マンション　　　　　　④ カンニング

⑤ ナイター　　　　　　　⑥ ゴールデンアワー

⑦ テーブルスピーチ　　　⑧ モーニングコール

⑨　コンセント　　　　　　　⑩　キャッチボール

⑪　ビジネスホテル　　　　　⑫　インフラ

⑬　オートバイ　　　　　　　⑭　ルームクーラー

6．次の項目にあてはまる情報を探しながら、次の文章を読みなさい。

米国のパソコン（ＰＣ）通信最大手のＡＯＬ（アメリカオンライン）も、日本の茶の間をターゲットにしている。９６年、米と三井物産、日本経済新聞社の合弁で設立されたＡＯＬジャパンは９７年4月のサービス開始以来、家庭向けコンテンツ（情報の中味）づくりにおおわらわである。「よくニフティ（日本最大のＰＣ通信サービス）をライバルとして挙げられるが、われわれは多チャンネルテレビがライバルだと思っている」（北原保之ジャパン取締役）

ビジネスユースの側面が強いニフティと違って、あくまで家庭で家族揃って使ってもらうことを考えれば、時間消費のうえではテレビが競争相手になるというわけだ。

そもそもＡＯＬは85年、創業者のスチーブン・Ｍ・ケース会長が「自分の母親でも使えるオンラインサービス」を基本理念につくられたもの

家庭をターゲットとする以上、サポート体制は万全でなければならない。米国では6000人の社員のうち、4000人をカスタマーサービスに費やしている。日本でもまだ売り上げのない段階から50人のスタッフを充てたサポートセンターを夜9時まで開設している。（週刊ダイヤモンド97年8月30日号より）

①　会社名

②　主な客

③　競争相手

④ 基本理念

Lesson 2 ....

インターネットの世界
Internet no Sekai

Pre-reading Task

インターネットはもともとアメリカの研究者の間で使われていたコミュニケーションの手段でしたが、今では個人、会社、政府といったあらゆるところで広く使われるようになりました。また、アメリカのみならず世界中で使われるようになり、日本でもインターネットはすっかり定着してきました。特に企業にとってはこの爆発的ともいえるインターネットを利用しない手はありません。自分の回りをみて各企業、団体がインターネットをどのように利用しているのか、その例をあげてみましょう。また、インターネットがなかった頃はどうしていたのか考えてみましょう。

　a．インターネットの利用例

　b．インターネットがなかった頃はどうしていたか

自分のコンピューター、あるいは図書館などのコンピューターを使ってインターネットにアクセスしてみましょう。自分が最も気に入ったホームページはどういうものか、またそのページにはどのような情報が入っているのか、クラスの仲間に報告してみましょう。

　c．お気に入りのホームページ

　d．情報

1 | インターネットの準備

1. インターネットはもともとアメリカで始まったものなので、使われ
   ている用語の多くは英語からきたものですが、なかには日本独特の
   使われ方をする語句もあります。ここではインターネットの関連語
   句について勉強してみましょう。次の文はそれぞれインターネット
   関連用語を説明するものです。下の語群から適当なものを選びなさ
   い。

   ① パソコンと電話回線を接続して、データ通信を可能にする装置。

   ② インターネット接続業者。

   ③ ワールドワイドウェッブに格納されているホームページを閲覧
   するためのソフトウェア。

   ④ 電話回線から電話番号を送る方式のひとつで「ピ、ポ、パ、
   ポ」とリズミカルに音が聞こえる。

   ⑤ ネットワーク上でユーザーを識別するために使われる記号や番
   号。

   ⑥ インターネットに接続すると最初に表示されるページ。

   ⑦ 特定のホームページの検索用に用意されたホームページ。

   ⑧ メールとタイトル。

   ⑨ ファイルのデータ容量を小さくすること。

   ⑩ メールのアドレス。

   ⑪ インターネットに接続すること。

   ⑫ インターネットに接続する組織などの名前。例えば jp は日本の
   こと、com は企業のこと。

   ⑬ ホームページ上の広告スペース。

   ⑭ ブラウザに機能を追加するためのソフトウェア。

⑮ ネットワーク上で正確にデータを交換するために従わなければ
いけない通信規則。

```
ア．ワールドワイドウェッブブラウザ　イ．圧縮
ウ．プラグイン　エ．ドメイン名　オ．アクセス
カ．モデム　キ．検索エンジン　ク．メンバーID
ケ．プロトコル　コ．トーンダイヤル　　　サ．バ
ナー広告　シ．スタートページ　　　　ス．プロバイ
ダ　セ．件名　ソ．宛名
```

2．次のインターネット関連用語は英語からのものです。それぞれどう
いう意味で使われるのでしょうか。インターネットについてあまり
知らない人に説明するとしたらどのように言いますか。簡潔に説明
しなさい。

①　オンラインショッピング

②　ダウンロード

③　ネットサーフィン

④　チャット

⑤　ネチケット

3．インターネットを使う段階で、なにかの原因でうまく接続できない
時があります。ここではトラブルとその原因、対処方法について考
えてみましょう。下線部分に適当な表現を下から選んで入れなさい。

①　トラブル：　　ダイヤルできない。
　　原因：　モデムの電源が入っていない。
　　対処：　モデムを確認し、電源を＿＿。

② トラブル：　　ダイヤルできない。

原因：　モデムのケーブルが外れている。

対処：　モデムのケーブルを確認し、＿＿。

③ トラブル：　　ダイヤルできない。

原因：　ダイヤル前にタイムアウトしてしまう。

対処：　「ダイヤル時の接続タイムアウト」の＿＿。

④ トラブル：　　接続できない。

原因：　ユーザー名とパスワードを間違える。

対処：　ユーザー名を確認する。パスワードは＿＿。

⑤ トラブル：　　接続できない。

原因：　極度に混雑している時間帯。

対処：　＿＿接続してみる。

ア．他の通信ソフトを終了させる　イ．入れる

ウ．再入力する　エ．追加をクリックする

オ．再度接続する　カ．チェックを外す

キ．時間をおいて　ク．削除する　　　ケ．大
文字と小文字を区別する

Vocabulary

研究者	けんきゅうしゃ
個人	こじん
会社	かいしゃ
政府	せいふ
定着	ていちゃく
暴発的	ばくはつてき
企業	きぎょう
団体	だんたい
利用	りよう
図書館	としょかん
情報	じょうほう
電話回線	でんわかいせん
装置	そうち
接続業者	せつぞくぎょうしゃ
格納	かくのう
閲覧	えつらん
方式	ほうしき
識別	しきべつ
表示	ひょうじ
特定	とくてい
容量	ようりょう
組織	そしき
企業	きぎょう
機能	きのう
通信規則	つうしんきそく
圧縮	あっしゅく

検索	けんさく
広告	こうこく
件名	けんめい
関連用語	かんれんようご
簡潔	かんけつ
電源	でんげん
対処	たいしょ
確認	かくにん
原因	げんいん
混雑	こんざつ
時間帯	じかんたい
通信	つうしん
終了	しゅうりょう
再入力	さいにゅうりょく
追加	ついか
接続	せつぞく
削除	さくじょ

2　インターネットの実践

1. それではさっそく、次の手順で、検索エンジンのひとつである
　「Yahoo! JAPAN」を使って日本語のネットサーフィンをしてみましょう。（※これから先の問題に答えるためには、日本語の環境が整ったコンピューターが必要です。）

　① インターネットサイト名として「www.yahoo.co.jp」を入力する。

　② 「Yahoo! JAPAN」のページ名が表示される。

　③ ページ上には次のようなジャンルが表示される。それぞれどういうジャンルか考えてみよう。

芸術・人文	メディアとニュース
教育	エンターテインメント
自然科学と技術	ビジネスと経済

　④ 「ビジネスと経済」の「企業」をクリックする。

　⑤ 企業として次のようなジャンルが表示される。それぞれどういうジャンルか考えてみよう。

科学	ギャンブル
言語	航空
広告	交通
花	通信
農業	ゲーム
製造業	水産業
出版	旅行

⑥　「旅行」のジャンルをクリックする。

⑦　代理店、航空会社、クルーズの項目はそれぞれ何だろうか、またそれぞれについていくつのホームページがあるだろうか。

⑧　「航空会社」の項目の中には「日本エアシステム」という会社がリストされているだろうか。もしリストされているなら、その会社のホームページをみてみよう。

⑨　今日から1週間後に、東京（羽田）から大阪（伊丹）まで行くとしよう。日本エアシステムを使うと、大人一人の普通運賃はいくらになるだろうか。

⑩　予定を変更して2週間後に行くとしたら、運賃は同じだろうか。調べてみよう。

2．同じように、検索エンジンのひとつである「Yahoo! JAPAN」を使って「講談社」という名前の出版社について調べてみよう。

①　インターネットサイト名として「www.yahoo.co.jp」を入力する。

②　「Yahoo! JAPAN」のページが表示される。

③　検索用のスペースに「講談社」をタイプ入力してみよう。

④　講談社のホームページをみてみよう。

⑤　講談社はどのようなものを出版しているだろうか。3つあげてみよう。

　　　ア：

　　　イ：

　　　ウ：

⑥　「週刊現代」という週刊誌について調べてみるために「週刊現代」をクリックしてみよう。

⑦　あなたは何番目の読者だろうか。

⑧　最新号の「週刊現代」は何月何日号だろうか。

⑨　トップニュースは何だろうか。

⑩　「週刊現代」はどういう読者を対象としているだろうか。

⑪　アメリカにはこれと似た週刊誌はあるだろうか。

3.　日本のビジネスの世界では「会社四季報」という情報誌が使われることがよくある。これはいったいどういうものだろうか。検索エンジンのひとつである「Yahoo! JAPAN」を使って調べてみよう。

①　インターネットサイト名として「www.yahoo.co.jp」を入力する。

②　「Yahoo! JAPAN」のページが表示される。

③　検索用のスペースに「会社四季報」をタイプ入力してみよう。

④　検索の結果が表示される。「会社四季報」をクリックする。

⑤　東洋経済新報社のホームページが表示される。いくつかの項目があるが、東経データハウスをクリックしてみよう。

⑥　「会社四季報シリーズ」、「会社四季報」をクリックしてみよう。

⑦ 次の情報を探してみよう。

　　ア．「会社四季報」は何という出版社が出しているものか。

　　イ．いくつぐらいの会社についての情報か。

　　ウ．一年に何回発行されるのか。

　　エ．値段はいくらか。

　　オ．それぞれの会社の特に何についての情報に信頼があるか。

　　カ．最新号の特集は何か。

4．次のホームページのうち、どれかひとつにアクセスし、以下の点について簡潔にクラスの仲間に報告しなさい。

www.jwa.co.jp	www.crc.co.jp/weather
www.umaimono.co.jp	www.inn-info.co.jp
www.ana.co.jp	www.takashimaya.co.jp
www.mainichi.co.jp	www.asahi.co.jp
www.nikkei.co.jp	www.fujisan.com
www.amazon.co.jp	www.goo.ne.jp

ホームページアドレス _____

　　　　　団体名 _____

　　　　　対象者 _____

役に立つと思われる情報

5．次のホームページは日本の企業や経済についての情報を集めるため
　に役に立つと言われています。どういうホームページがあるのか、
　クラスで話し合ってみましょう。

東京証券取引所：　　　　www.tse.or.jp

日本企業ディレクトリ：　www.2.nikkeibp.co.jp/NDR

NTT DIRECTORY：　　　navi.ntt.co.jp/j/com/company.html

財務省：　　　　　　　　www.mof.go.jp

三菱総合研究所：　　　　www.mri.co.jp

ニッセイ基礎研究所：　　www.nli-research.co.jp

Lesson 3 ....

人間関係
Ningen Kankei

Pre-reading Task

I. 会社はひとつの組織です。「組織」という言葉は二つの漢字からで
   きていますが、それぞれどういう意味でしょうか。

II. 仕事に対する基本的な心がまえにはどのようなものがありますか。
    次の6つの項目について具体的な例をあげて考えてみなさい。

        a．顧客　　　　 b．改善

        c．品質　　　　 d．時間

        e．納期　　　　 f．協調

III. 組織の一員として全体の利益のために協力することは上のどの項目
     にあてはまりますか。

会社というところは、仕事をすることを目的とした人たちが集まった集団ですが、そこではチームワーク、つまり組織全員の協力がとても大切になります。特に、集団指向の強い日本の会社では、このチームワークは強調してもしすぎることはないでしょう。したがって、職場で良好な人間関係をたもつためには、他の人との協調性を養い、普段からコミュニケーションを深めておかなければなりません。特に、日本の会社では、自分一人がいかに優秀でも、自我意識が強くては、良好な人間関係をたもつことはできないということを忘れないようにしましょう。

1　コミュニケーション度診断

もし、あなたが日本の会社で働くことになったとします。その場合、あなたは日本人の同僚、上司たちと良好なコミュニケーション、人間関係を築く自信はあるでしょうか。次のコミュニケーション診断リストで自分のコミュニケーション度をチェックしてみましょう。「はい」の答えがいくつあったか、あとで数えてみましょう。

①職場の人にいつも元気よく挨拶する。

②職場の雰囲気を明るいものにしようと努力する。

③自分が不愉快な時でも、個人的な感情を出さないようにする。

④自分の意見が正しいと思っても、他の人の意見を聞く余裕がある。

⑤自分だけ早く帰る時には、「お先に失礼します」と挨拶する。

⑥嫌いな人とも協力して仕事をすることができる。

⑦元気のない人がいたら声をかけて励ます。

⑧休暇は周囲の迷惑にならないように配慮してとる。

⑨仕事中の私語はしないようにする。

⑩ 会社のものを私用に使わない。公私混同をしないようにする。

⑪ 軽率なうわさ話や人の悪口は言わない。

⑫ 忙しそうにしている人の手助けをすすんでする。

⑬ 自分の言いたいことを話すだけでなく相手の言うことも全部聞く。

⑭ 親しい人との間でも、金銭の貸し借りはできるだけしないようにする。

⑮ お世話になったら、必ずお礼を言う。

⑯ 迷惑をかけたら、必ずおわびを言う。

⑰ 仕事を離れたところでも人間関係を大切にする。

⑱ 約束した時間はまもる。

このリストの中で最も大切だと思うものを3つあげて、どうしてなのか説明しなさい。

(1)

(2)

(3)

Vocabulary

顧客	こきゃく
品質	ひんしつ
納期	のうき
改善	かいぜん
協調	きょうちょう

職場	しょくば
良好	りょうこう
協調性	きょうちょうせい
時間	じかん
強調	きょうちょう
組織	そしき
人間関係	にんげんかんけい
仕事	しごと
目的	もくてき
集団	しゅうだん
協力	きょうりょく
集団指向	しゅうだんしこう
雰囲気	ふんいき
不愉快	ふゆかい
感情	かんじょう
意見	いけん
余裕	よゆう
嫌い	きらい
休暇	きゅうか
周囲	しゅうい
迷惑	めいわく
養う	やしなう
優秀	ゆうしゅう
自我意識	じがいしき
同僚	どうりょう
上司	じょうし
築く	きずく

自信	じしん
診断	しんだん
挨拶	あいさつ
配慮	はいりょ
私語	しご
公私混同	こうしこんどう
軽率	けいそつ
悪口	わるくち
金銭	きんせん
貸し借り	かしかり
お世話	おせわ
約束	やくそく

2　挨　拶

挨拶をすることは、良好な人間関係を築くためにとても大切なことです。
次の場面では、あなたはどのような挨拶をしますか。適切な挨拶を選びな
さい。

1.　外出するとき

①　～へ行ってまいります。

②　～へ行こうと思います。

③　～へ行きます。

2.　外出から戻ったとき

①　ただいま。

②　ただいま戻りました。

③　どうも。

3．退社するとき

　　① お先に失礼致します。

　　② 帰ります。

　　③　それじゃ、また。

4．帰宅する人へ

　　① おつかれさまでした。

　　② じゃ、またね。

　　③ また、あした。

3 ｜ 言葉を使い分ける

次の言葉はいずれも自分の気持ちを伝えるためにとても大切な言葉です。
それぞれ、どの場面で使いますか。下の語群から選びなさい。

①＿＿ いらっしゃいませ。　　②＿＿ かしこまりました。

③＿＿ 少々お待ち下さいませ。　④＿＿ おそれいります。

⑤＿＿ お待たせしました。　　⑥＿＿ 申し訳ございません。

⑦＿＿ ありがとうございました。

```
ア．おわび　イ．感謝　ウ．承諾　エ．依頼

オ．歓迎　カ．待たせるとき　キ．待たせたとき
```

4 電話

次の会話は電話での応対例です。読んで質問に答えなさい。

田中：　はい、三和生命<u>でございます</u>。

鈴木：　日本物産の鈴木<u>と申します</u>。

田中：　日本物産の鈴木様<u>でいらっしゃいますね</u>。いつもお世話になっております。

鈴木：　こちらこそ、お世話になっております。上野部長さん、お願いします。

田中：　上野でございますね。

鈴木：　はい。

田中：　かしこまりました。少々、お待ち下さい。（上野部長、日本物産の鈴木様からお電話です。）

1．下線部分はそれぞれていねいな言葉使いになっています。ふつうの言葉ではどうなるでしょうか。また、それぞれ尊敬語でしょうか。それとも謙譲語でしょうか。

	ふつうの言葉	尊敬語／謙譲語
① でございます。		
② と申します。		
③ でいらっしますね。		

2．次の表現を自分の上司に対してどのように言いますか。適切な日本語
　　にしなさい。

　　① Did you go to yesterday's meeting?　＿＿＿＿＿＿＿＿

　　② I would like to see you at 2:00.　＿＿＿＿＿＿＿＿

　　③ I would like to ask you a few questions.　＿＿＿＿＿＿＿＿

　　④ Did you read today's paper?　＿＿＿＿＿＿＿＿

3．次の表を完成させなさい。

	尊敬語	謙譲語
① 会う		
② いる		
③ する		
④ 食べる		
⑤ 飲む		
⑥ 言う		
⑦ 行く		
⑧ 来る		
⑨ 見る		
⑩ 知っている		

4．田中さんは鈴木さんに対して「上野でございますね」と言っていま
　　す。これはどうしてでしょうか。「上野部長でいらっしゃいます
　　ね」の方が正しいのではないでしょうか。

5. 田中さんは「いつもお世話になっております」と言っていますが、これはどういう意味でしょうか。

6. 尊敬語や謙譲語を使うことは大切ですが、はたしていつもこのような敬語を使うべきなのでしょうか。むしろ、使わない方がいい場合もあるのでしょうか。クラスで話し合ってみましょう。

5 職場の人間関係

職場の人間関係にはいろいろな問題がおこります。次の問題はあなただったらどのように解決するでしょうか。クラスで話し合ってみましょう。

①先輩から借金を申し込まれました。断ってもいいのでしょうか。

②先輩がいつもご馳走をしてくれます。このまま甘えていてもいいのでしょうか。

③会社の慰安会には、参加しないといけないのでしょうか。

④会社の文房具などをもって帰る同僚がいます。注意した方がいいのでしょうか。それとも見て見ぬふりをした方がいいのでしょうか。

⑤取引先からパーティーの招待状がとどきました。「平服でどうぞ」と書かれていました。どのような服装でいけばいいのでしょうか。

⑥上司や先輩にお中元やお歳暮はおくらないといけないのでしょうか。

⑦結婚式に招待されました。お祝いには何をもって行けばいいのでしょうか。

⑧結婚式の招待状をもらいました。表書きには夫の名前が書いてありました。妻も一緒に出席してもいいのでしょうか。

⑨食事をご馳走になりました。お礼はその日だけでなく、後日あらた

めてお礼を言うべきでしょうか。

6 ふさわしい言葉使い

次の言葉使いはとくに間違っていません。しかし、職場で使われる言葉と
してもっとふさわしい言葉に変えることもできます。どのような言葉使い
になるでしょうか。

① わたし

② だれですか。

③ どうでしょうか。

④ ありません。

⑤ いま席にいません。

Lesson 4....................

売り込み
Urikomi

Pre-reading Task

自分とは違う文化の中で相手にものを売り込む場合を考えてみましょう。

自分の文化にあったやり方で売り込みをして成功するでしょうか。成功させるためには、当然のことながら、相手の文化をじゅうぶんに研究したうえで、相手に不愉快な思いをさせないように売り込みをすることが大切です。相手の文化を考慮しないで、自分の文化を中心にして行動するのは、問題だと言えます。

日本人を相手に売り込みをする場合、あなたはどのようにするでしょうか。次の項目について考えてみましょう。

　a．名刺は絶対に必要だ。

　b．紹介状は表面的なものなので、あってもなくてもよい。

　c．自慢話はしないようにする。

　d．政治や宗教の話しはしないようにする。

　e．相手の目をしっかりと見て話しをする。

1　売り込み

次の会話は、あるパーティーでアメリカから来たコロラドパワー社のウィ
ルソンさんが、東日本電力の山田さんと話しているところです。ウィルソ
ンさんの売り込みは成功するでしょうか。それとも失敗するでしょうか。
また、どういう点を改善すればいいのでしょうか。

ウィルソン：　（　　　　　　）私はウィルソンです。

山田：　　　ああ、どうも。はじめまして。東日本電力の山田と申し
　　　　　　ます。（名刺を交換する）

ウィルソン：　山田さんは会社で何をしていますか。

山田：　　　はあ、あの、いちおう変圧器を担当していますけど。

ウィルソン：　ああ、そうですか。それはいいです。実は、私の会社で
　　　　　　は新しい変圧器を開発しまして、性能、価格とも自信を
　　　　　　もっておすすめできるものです。開発そして実用化まで
　　　　　　に全部で６年もかかりました。アメリカの電力会社にた
　　　　　　くさん納入しています。

山田：　　　はあ、そうですか。

ウィルソン：　東日本電力では、新しい変圧器を採用することを考えて
　　　　　　いますか。

山田：　　　ええ、まあ、、、そうですね。

ウィルソン：　実は、わが社では、今回、日本でも本格的にマーケティ
　　　　　　ングを開始することになりまして、もし、山田さんにお
　　　　　　時間があれば、ぜひ一度、説明をさせていただきたいの
　　　　　　ですが。

山田：	はあ、、、まあ、、、そうですね。機会がありましたら、またお願いします。
ウィルソン：	私どものコロラドパワーはアメリカでも最大手の電力会社でして、日本ではあの有名な三菱商事とも提携しております。一度、時間をとって打ち合わせをさせていただければ、いかにわが社の製品がすばらしいか、分かっていただけると思います。
山田：	はあ、、、ええ、、、そうですね。（沈黙）
ウィルソン：	（手帳を見ながら）今週の木曜日、朝ごはんでもいっしょに食べながら、ご相談させていただくのはいかがでしょうか。招待させて下さい。
山田：	ええ、まあ、そうですね。今のところは変圧器の需要はそれほどないと思いますが、、、。（沈黙）
ウィルソン：	そうですか。でも、とにかく一度、説明させて下さい。きっと、うちの製品に満足していただけるものと確信しておりますので。
山田：	はあ、そうですか。いきなりというのもなんなんですが、、、それでは、考えさせて下さい。
ウィルソン：	わかりました。それでは、明日、確認の電話をいたしますので、よろしくお願いします。
山田：	はい、こちらこそよろしくお願いします。

Vocabulary

売り込み	うりこみ
成功	せいこう

不愉快	ふゆかい
考慮	こうりょ
名刺	めいし
価格	かかく
性能	せいのう
実用化	じつようか
開始	かいし
納入	のうにゅう
絶対	ぜったい
紹介状	しょうかいじょう
自慢話し	じまんばなし
政治	せいじ
宗教	しゅうきょう
電力	でんりょく
改善	かいぜん
変圧器	へんあつき
担当	たんとう
開発	かいはつ
機会	きかい
最大手	さいおおて
商事	しょうじ
提携	ていけい
手帳	てちょう
招待	しょうたい
需要	じゅよう
沈黙	ちんもく
確信	かくしん
確認	かくにん

1. 上の会話でウィルソンさんは何をしようとしているのでしょうか。
   また、山田さんの反応はどうでしょうか。

   ① ウィルソンさんがしようとしていること

   ② 山田さんの反応

2. （　　　　　）に適切な日本語を入れなさい。

3. ウィルソンさんの発言にもう少し敬語を入れた方がいいところがあ
   ります。それはどの発言でしょうか。３つあげて、適切な日本語に
   なおしなさい。

   ①

   ②

   ③

4. ウィルソンさんは「山田さんは会社で何をしていますか」と聞いて
   いますが、これは失礼な言い方でしょうか。また、この他にどのよ
   うな言い方が考えられますか。

   1. 山田さんの沈黙はどういう意味なのでしょうか。また、ウィル
      ソンさんは、山田さんの沈黙をどういう意味にとっているので
      しょうか。

   2. 山田さんの発言の多くは、文末が不完全な文章で終わっていま
      す。これはどうしてでしょうか。相手をいらいらさせるための
      方法でしょうか。

7. 山田さんの発言で、「まあ、いきなりというのもなんなんですが」
はどういう意味でしょうか。「なんなんですが」の二つの「なん」
は、それぞれどういう意味なのでしょうか。

8. ウィルソンさんは、後で打ち合わせの確認の電話をすることになっ
ていますが、はたして打ち合わせは行われるでしょうか。また、売
り込みが成功する見込みはあるでしょうか。

9. ウィルソンさんの売り込みには改善するべきところがいくつかあり
ます。それはどのようなことでしょうか。3つあげなさい。

    ①

    ②

    ③

10. もし、あなたがウィルソンさんだったら、どのようにふるまうでし
ょうか。二人ずつに分かれて、まず自己紹介から始まるロールプレ
ーをしてみましょう。さらにそれをクラスの前で演じてみましょう。
あとで、どこがよかったか、またどういうところを改善したらいい
か、クラスで話し合ってみましょう。

| 2 | セールスの秘訣 |

セールスが成功するための秘訣を、あるベテランのセールスマンは次のよ

うに言っています。読んで質問に答えなさい。

セールスの一番のポイントは、とにかく相手を褒めること
から始まる。相手の会社、歴史、製品、規模、その他、何
でも褒めるものを探し、相手を褒めて褒めて褒めまくる。
そして相手が「いやいや、とんでもありません。おたくの
方こそ．．．」と言うのを待つ。そして、この言葉が出
てきたところで、初めて自分の会社のことをさりげなく話
し始める。ここからセールスが始まるのだ。大切な点は、
相手を褒めることによって、相手にセールスのきっかけを
作らせることにある。

1． どうして相手を褒めることが大切なのでしょうか。

2． 自分から自分の会社のことをどんどん話すのはいいことですか。

3． 「相手にセールスのきっかけを作らせる」とはどういうことでし
   ょうか。

4． あなたの国でのセールスの仕方と比べてどのように違いますか。

---

3 アメリカ人の売り込み

次の文は日本でアメリカ人が売り込みをする際のアドバイスです。正しい
と思うものには○、そうでないものには×をつけなさい。

①＿＿＿　ビジネスで名刺はなくてはならないものだ。なぜなら、名前だけでなく、その人のランク、仕事の内容などについての情報が分かるからだ。

②＿＿＿売り込みでは、自分の会社や製品がいかにすぐれているかを、自信をもって積極的にくりかえして相手に説明することが大切だ。

③＿＿＿　初対面の相手にいきなりビジネスの話をするのはあまりよくないことだ。

④＿＿＿　もし、本当に自分の会社や製品に自信があったら、どんどん自慢すべきだ。

⑤＿＿＿　パーティーで会った初対面の人にでも、親しそうにふるまうことはとてもいいことだ。

⑥＿＿＿　日本人と親しい関係を築くには、時間がかかる。

⑦＿＿＿　自分の家族の自慢をすること（妻がいかに美人か、子供がいかに利口かなど）は、悪いことではない。

⑧＿＿＿　もし、自分が短気で、できるだけ早くビジネスを終わらせたいなら、日本人とのビジネスには向かないと言える。

⑨＿＿＿　日本人のビジネスマンは忙しいので、朝食をしながらビジネスの話をするのもいい方法だ。

Lesson 5 ....

速 読
Sokudoku

Pre-reading Task

会社で仕事をする時は、短い時間で資料を読んで内容を理解し、それに対し適切な対応をしないといけないこともよくあります。このような場合は、どのような読み方がいいのでしょうか。

    a．一字一句もらさず、すべて正確に理解するようにする。

    b．分からない単語があっても、あまり気にしない。

    c．どういう情報が求められているのかをまず理解しようとする。

    d．必要な情報だけを探すようにする。

    e．辞書を使ってゆっくりとていねいに読む。

    f．書かれてあることすべてが分かるまで、何度もくりかえして読む。

何かを『読む』ということには次のような一連の行動があります。この中でどれが一番大切かを考えてみなさい。

    a．必要とされる情報は何かを知る。

    b．その情報がどこにあるかを探す。

    c．情報を理解する。

この課ではいろいろな短い文章を読んでみましょう。求められている情報は何なのか、それはどこにあるのか探しながら読んでみましょう。

1 | 社内文書

次の社内文書は、ある銀行が慶弔（けいちょう）について支店にあてて出
したものです。この文書の目的は何でしょうか。下の項目から最も適切な
ものをひとつ選びなさい。

各支店長　　殿

　　　　　　　　　　　　　　　　　　　　　総務部長

　　　　　　取引先に対する慶弔等の対応について

　　各支店長には、日頃、取引先の慶事あるいは弔事につ
いて、細心の配慮をしているところだが、最近、選挙の
当選、叙勲等慶事の対象が著しく増加してきていること
もあって、一部の支店において取引先に対する礼を失す
る向きが見受けられる。

　　ついては、日常の営業活動や新聞等マスコミ報道によ
り取引先の慶弔等に関する情報を的確に把握するよう支
店長自らが努めて、適切な対応をすることとされたい。

　　なお、頭取名による電報の打電あるいは役員席の対応
を必要とする場合は、「電報打電依頼書」を総務課宛送
付するほか、総務部担当役席に連絡し協議することとさ
れたい。

　　　　　　　　　　　　　　　　　　　　　　　　以上

① マスコミ報道に注意するようにする。

② 選挙に協力する。

③ 慶弔に関して取引先に失礼のないようにする。

④ 電報を打つこと。

2 企画会議通知

次は企画会議の通知です。誰が出ないといけませんか。また、会議の内容は何ですか。

課員各位

　　　　　　　　　　　　　　　　　　　　企画部長

　　　　　　　　企画会議のお知らせ

第三回企画会議を下記のとおり開きますので、出席して
下さい。

　　　　　　　　　　　記

　1．日時　　　　　２００１年９月２５日 午前１０時
　2．場所　　　　　本社５階会議室
　3．出席対象者　　課員（除、女子パート社員）
　4．議題　　　　　人員削減に伴う安全対策

付記 他に議題があれば、添付用紙に書き込み、前日ま
でに部長宛提出のこと。

　　　　　　　　　　　　　　　　　　　　　以上

1．誰が出ないといけませんか。

    ① 女子パート社員

    ② 女子パート社員以外の課員

    ③ 女子パート社員で、なおかつ課員であるもの

    ④ 本社社員

2．会議の内容は何ですか。

    ① 人員をどう減らすか。

    ② 安全をどうするか。

    ③ 女子パート社員のあつかい。

    ④ 新しい商品の企画。

3 ｜ 契約書

次は商品売買契約書の一部です。読んで質問に答えなさい。

第一条

甲は乙に対して後記表示の機械を売り渡すことを約し、乙はこれを受ける。

第二条

売買代金は総額金250万円とし、乙は甲に対し下記のとおり支払う。

一．　本日、内金として金50万円

二．　平成１３年６月１日までに、後記表示の機械が乙の工場に据え付け引き渡しと引き換えに金200万円

---

1. 機械は誰が誰に売りますか。

    ① 乙が甲に売る。

    ② 甲が乙に売る。

    ③ 乙が第三者に売る。

    ④ 甲が第三者に売る。

2. 代金の支払い方法は次のうちどれですか。

    ① 250万円を後で支払う。

    ② 今日50万円を払い、残りは6月1日までに機械がとどいてから払う。

    ③ 今日50万円を払い、残りは6月1日までに払う。

    ④ 6月1日までに50万円を払い、残りは機械がとどいてから払う。

---

4 | あいさつ状

次は役員就任のあいさつ状です。この人の新しいポジションは何ですか。

拝啓

　陽春の候、ますますご清栄のこととお慶び申し上げます。

さて、私このたび営業担当常務を任命され就任いたしました。関西統括本部長在任中は格別のご懇情を賜わり厚くお礼申し上げますとともに、今後ともよろしくご指導賜わりますようお願い申し上げます。

　なお、後任の本部長には東一郎が就任いたしました。私同様ご厚情を賜わりますようお願い申し上げます。

　　　　　　　　　　　　　　　　　　　　　敬具

① 関西統括本部長

② 営業担当常務

③ 後任の本部長

④ 社長

5 会社定款

次はある会社の定款（ていかん）の一部です。株主総会はいつ開くことか
できますか。

第9条

定時株主総会は毎年3月にこれを召集し、臨時株主総
会は必要に応じこれを召集する。前項の定時株主総会
において権利を行使すべき株主は、毎年12月31日の最
終の株主名簿に記載された株主とする。

---

①毎年3月と12月31日。

②毎年3月と、開かないといけなくなった時。

③毎年3月。

④毎年12月31日の最終日に決められた日。

6 新聞記事

次の記事は、製品開発に関する文章です。これからはどういう製品が売れるだろうと言っていますか。

> わが社は、どちらかというと今までは提案型で、新しい性能、世の中にまだできていないようなユニークな製品さえ生み出しておけば、お客が買ってくれたわけです。しかし、最近のお客は、新しい性能をおもしろがって買ってくれるということは皆無になりました。あくまでも自分の目的を達成するために買うのであって、「目新しさ」がセールスポイントになる時代は過ぎ去ったのです。（堀場雅夫著『いやならやめろ』日本経済新聞 1997 年より）

① 新しい性能をもったユニークな製品。

② 目新しい製品。

③ 提案型の製品。

④ 役に立つ製品。

7 グラフ

次のグラフは日本の観光業界に関するグラフです。このグラフから出てくる意見として適当なものを選びなさい。（一つだけとは限らない。）

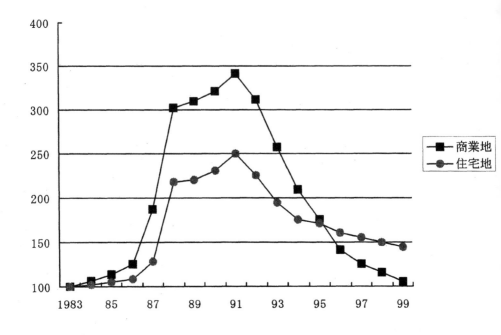

① 商業地、住宅地とも地価ががもっとも高かったのは1991年だ。

② 1996年商業地の地価が住宅地の地価よりも高くなった。

③ 1983年から1991年までの商業地の地価の上昇ペースは住宅地の糸1.5倍だ。

④ 商業地、住宅地とも地価がもっとも上昇したのは1987年から198年にかけてだ。

Vocabulary

資料	しりょう
適切	てきせつ
対応	たいおう
一字一句	いちじいっく
正確	せいかく
情報	じょうほう
予備知識	よびちしき
取引先	とりひきさき
慶弔	けいちょう
配慮	はいりょ
選挙	せんきょ
叙勲	じょくん
頭取	とうどり
電報	でんぽう
打電	だでん
依頼	いらい
企画会議	きかくかいぎ
出席	しゅっせき
対象者	たいしょうしゃ
議題	ぎだい
人員削減	じんいんさくげん
安全対策	あんぜんたいさく
議案	ぎあん
添付用紙	てんぷようし
売買	ばいばい
契約書	けいやくしょ

甲	こう
乙	おつ
表示	ひょうじ
総額	そうがく
下記	かき
内金	うちきん
据え付け	すえつけ
引き渡し	ひきわたし
引き換え	ひきかえ
役員	やくいん
就任	しゅうにん
拝啓	はいけい
陽春	ようしゅん
候	こう
清栄	せいえい
営業	えいぎょう
担当	たんとう
常務	じょうむ
任命	にんめい
統括	とうかつ
在任	ざいにん
懇情	こんじょう
指導	しどう
賜わる	たまわる
厚情	こうじょう
情報	じょうほう
定款	ていかん
株主	かぶぬし

総会	そうかい
召集	しょうしゅう
定時	ていじ
臨時	りんじ
権利	けんり
行使	こうし
名簿	めいぼ
記載	きさい
製品	せいひん
開発	かいはつ
提案	ていあん
性能	せいのう
地価	ちか
推移	すいい
商業	しょうぎょう
住宅	じゅうたく
上昇	じょうしょう

Lesson 6 . . . .

専門用語の漢字
Senmon Yoogo no Kanji

日本語の勉強で最も難しいことのひとつは漢字の学習です。次の質問に答えてみましょう。

    a．常用漢字はいくつありますか。

    b．専門用語としてどのような漢字を知っていますか。

    c．それはよく使う漢字ですか。

専門用語としての漢字は、ふだんあまりみかけるものではないので、そういう漢字の専門用語にでくわすと、日本語はとても難しいという印象をもってしまいます。

ところが漢字にはそれが使われる頻度というものがあります。つまり、頻繁によく使われる漢字もあれば、ほとんど使われない漢字というものもあります。したがって、効果的に学習をするためには、使用頻度の高い漢字から順番に覚えていけばよいということになります。

ここでは経済で使われる漢字を中心に勉強してみましょう。

1 　使用頻度の高い漢字

1．まず、使用頻度の高い順に136語の専門用語をみてみましょう。それぞれの用語には漢字、読み方、意味があげてあります。漢字だけをみて、その読み方、意味が言えるように練習してみましょう。何度も練習して、自信がでてきたら自分でテストをしてみましょう。目標として80％（109語）取れるまで、練習をくりかえしましょう。自分で採点してみて、80％以上とれたら合格です。

1	生産	せいさん	production
2	企業	きぎょう	enterprise
3	政府	せいふ	government
4	価格	かかく	price
5	消費	しょうひ	consumption
6	日本経済	にほんけいざい	Japanese economy
7	資金	しきん	funds
8	供給	きょうきゅう	supply
9	産業	さんぎょう	industry
10	需要	じゅよう	demand
11	投資	とうし	investment
12	経済成長	けいざいせいちょう	economic growth
13	購入	こうにゅう	buy
14	資源	しげん	resource
15	市場	しじょう	market
16	所得	しょとく	income
17	輸出	ゆしゅつ	export
18	輸入	ゆにゅう	import
19	技術	ぎじゅつ	technology
20	均衡	きんこう	balance
21	経済活動	けいざいかつどう	economic activity

22	国民総生産	こくみんそうせいさん	gross national product
23	円高	えんだか	high price of yen
24	家計	かけい	household economy
25	競争	きょうそう	competition
26	銀行	ぎんこう	bank
27	財政	ざいせい	finance
28	産業構造	さんぎょうこうぞう	industry structure
29	資本	しほん	capital
30	情報	じょうほう	information
31	設備投資	せつびとうし	investment in plant and equipment
32	取引	とりひき	transaction
33	配分	はいぶん	distribution
34	引き下げ	ひきさげ	reduction
35	物価	ぶっか	prices of commodities
36	予想	よそう	prediction
37	利潤	りじゅん	profit
38	赤字	あかじ	deficit
39	黒字	くろじ	profit
40	介入	かいにゅう	intervention
41	為替レート	かわせレート	exchange rate
42	金融	きんゆう	finance
43	景気	けいき	business condition
44	経済政策	けいざいせいさく	economic policy
45	原材料	げんざいりょう	raw material
46	効率性	こうりつせい	efficiency
47	効率的	こうりつてき	efficient
48	国債	こくさい	national loan
49	国民所得	こくみんしょとく	national income
50	支出	ししゅつ	expenditure
51	生産活動	せいさんかつどう	production activity

52	生産物	せいさんぶつ	product
53	地価	ちか	price of land
54	貯蓄	ちょちく	saving
55	貯蓄率	ちょちくりつ	ratio of saving
56	統計	とうけい	statistics
57	土地	とち	land
58	農業	のうぎょう	agriculture
59	分配	ぶんぱい	distribution
60	貿易	ぼうえき	trade
61	民間企業	みんかんきぎょう	private enterprise
62	利益	りえき	profit
63	労働力	ろうどうりょく	labor power
64	株式	かぶしき	stocks
65	借り入れ	かりいれ	loan
66	規制	きせい	regulation
67	競争力	きょうそうりょく	competition power
68	金利	きんり	interest rate
69	公定歩合	こうていぶあい	official rate
70	高度成長	こうどせいちょう	high growth
71	高度成長期	こうどせいちょうき	period of high growth
72	効用	こうよう	usefulness
73	効率化	こうりつか	become efficient
74	高齢化	こうれいか	population aging
75	国際経済	こくさいけいざい	international economy
76	雇用	こよう	employment
77	財政政策	ざいせいせいさく	finance policy
78	産業部門	さんぎょうぶもん	industry sector
79	自給	じきゅう	Self-support
80	資源配分	しげんはいぶん	distribution of resource
81	自動車産業	じどうしゃさんぎょう	automaker industry
82	商品	しょうひん	merchandize

83	人口	じんこう	population
84	税収	ぜいしゅう	tax revenues
85	製造業	せいぞうぎょう	manufacturing industry
86	製品	せいひん	product
87	世界経済	せかいけいざい	world economy
88	石油	せきゆ	petroleum
89	組織	そしき	organization
90	調和	ちょうわ	harmony
91	内需拡大	ないじゅかくだい	expansion of domestic consumption
92	日本銀行	にほんぎんこう	Bank of Japan
93	配当	はいとう	dividend
94	バブル経済	バブルけいざい	bubble economy
95	欲望	よくぼう	desire
96	労働	ろうどう	labor
97	意欲	いよく	volition
98	安定成長	あんていせいちょう	stable growth
99	円高不況	えんだかふきょう	depression caused by the high price of yen
100	加工貿易	かこうぼうえき	processing trade
101	株価	かぶか	stock price
102	技術革新	ぎじゅつかくしん	technological innovation
103	行政指導	ぎょうせいしどう	government guidance
104	景気後退	けいきこうたい	recession
105	経済協力	けいざいきょうりょく	economic cooperation
106	建設業	けんせつぎょう	building industry
107	原料	げんりょう	raw material
108	公共投資	こうきょうとうし	public investment
109	構造転換	こうぞうてんかん	structure shift
110	合理的	ごうりてき	rational
111	国際収支	こくさいしゅうし	international payments

112	固定資本	こていしほん	fixed assets
113	サービス産業	サービスさんぎょう	service industry
114	財政再建	ざいせいさいけん	financial rebuilding
115	産出	さんしゅつ	production
116	三大都市圏	さんだいとしけん	three major metropolitan areas
117	失業	しつぎょう	unemployment
118	住宅投資	じゅうたくとうし	investment of housing
119	集中化	しゅうちゅうか	centralization
120	需要曲線	じゅようきょくせん	demand curve
121	消費財	しょうひざい	consumer's goods
122	消費者物価	しょうひしゃぶっか	consumer's price
123	所得配分	しょとくはいぶん	income distribution
124	政府金融機関	せいふきんゆうきかん	government banking facilities
125	先進国	せんしんこく	advanced nation
126	相互依存	そうごいぞん	mutual dependency
127	大規模生産	だいきぼせいさん	large-scale production
128	第三次産業	だいさんじさんぎょう	third-sector industry (e.g., service industry)
129	通商問題	つうしょうもんだい	trade issue
130	鉄鋼	てっこう	iron and steel
131	土地利用	とちりよう	land use
132	貿易摩擦	ぼうえきまさつ	trade friction
133	補助金	ほじょきん	subsidy
134	民営化	みんえいか	privatization
135	余暇	よか	leisure
136	預金	よきん	saving

2．次の日本語を声に出して読んで、その意味を言ってみましょう。

① 貿易には輸出と輸入がある。

② 地価とは土地の価格のことだ。

③ 政府は農業に補助金を出している。

④ 日本は原料を輸入し、それを加工して輸出するという加工貿易が中心だ。

⑤ 日本銀行が介入して為替レートを引き上げた。

⑥ 三大都市圏に人口が集中している。

⑦ 民間企業は効率性を高めて、利潤を上げなければならない。

⑧ 設備投資をするためには資本がいる。

⑨ 高度成長期には、経済活動はさかんで、景気もよかった。

⑩ 先進国のあいだで経済協力をすることが大切だ。

⑪ 自動車産業などで貿易黒字を減らすように、行政指導がなされることがある。

⑫ 景気後退をふせぐために公共投資をすることは、経済政策の一つだ。

3．4字からなる専門用語をみてみると、その大多数は2字漢字が二つ組み合わされてできてます。よく使われる2字漢字として次のようなものがあげられます。これらは、読み方、意味ともにすべて確実に覚えてしまいましょう。

1	経済	けいざい	economy
2	政策	せいさく	policy

3	財政	ざいせい	finance
4	景気	けいき	business
5	市場	しじょう	market
6	産業	さんぎょう	industry
7	人口	じんこう	population
8	需要	じゅよう	demand
9	企業	きぎょう	enterprise
10	構造	こうぞう	structure
11	資本	しほん	capital
12	所得	しょとく	income
13	貿易	ぼうえき	trade
14	消費	しょうひ	consumption
15	競争	きょうそう	competition
16	投資	とうし	investment
17	価格	かかく	price
18	貨幣	かへい	money
19	技術	ぎじゅつ	technology
20	金融	きんゆう	finance
21	在庫	ざいこ	stock
22	資金	しきん	fund
23	就業	しゅうぎょう	starting a job
24	証券	しょうけん	securities
25	職業	しょくぎょう	occupation
26	数量	すうりょう	number and quantity
27	政府	せいふ	government
28	設備	せつび	facility and equipment
29	戦略	せんりゃく	strategy

30	組織	そしき	organization
31	費用	ひよう	expense
32	不況	ふきょう	recession
33	物価	ぶっか	price
34	法人	ほうじん	corporation
35	予算	よさん	budget
36	経営	けいえい	management
37	雇用	こよう	employment
38	独占	どくせん	monopoly
39	配分	はいぶん	distribution
40	労働	ろうどう	labor

4．次の専門用語の読み方と意味をあててみよう。

① 予算配分

② 法人経営

③ 企業構造

④ 経済政策

⑤ 景気政策

⑥ 経営資金

⑦ 貿易産業

2	専門用語に慣れる

ここまで学習してみて、経済の専門用語についてかなり自信がでてきたのではないでしょうか。それでは、経済について書かれた実際の文章にチャレンジしてみましょう。また、専門用語のほかに、文章のスタイルとしてどのように感じたか、クラスで論じあってみましょう。

1. 最初の文章は、経済企画庁の「経済白書」からとりあげられたものです。現在の日本経済はどうなっているのか、どういうチャレンジが待っているのか、どういう問題があるのか、また、それについてどういう二つの意見があるのか、などが述べられています。

> 円高下の産業、雇用調整、国際競争の激化、途上国からの追い上げ、規制緩和等の近年の内外の環境変化のなかで日本経済はいっそうの効率を追求するなかで、生産性の上昇をはかっていくことがもとめられているが、そのさい、効率の追求が分配の公正と矛盾するという主張がある。しかしながら現実には、効率の追求が所得格差の拡大にかならずしもつながらない面があると考えることもできる。（経済企画庁、平成8年「経済白書」より）

< 問 題 >

① この文章は何について書いたものでしょうか。トピックは何でしょうか。次から適当なものを選びなさい。

    ア．効率の追求は所得格差を大きくするか

    イ．生産性の上昇のために何をしたらいいのか

    ウ．日本経済をとりまく環境の変化

    エ．国際競争と円高

② 「内外の環境変化」とは何でしょうか。具体的にはどういうものがあげられているのでしょうか。5つあげなさい。

    ア．

    イ．

    ウ．

    エ．

    オ．

③ 最初の長い文章をふたつの文章に区切るとしたら、どこで区切ったらよいでしょうか。

④ 「もとめられている」とは何が何にもとめられているのでしょうか。

⑤ 本文の内容とあっているものを選びなさい。

    ア．効率の追求は所得格差を大きくするか。

    イ．国際競争がきびしくなっている。

    ウ．日本は途上国から追い上げられており、そのせいで規制緩和をしないといけなくなっている。

    エ．効率の追求はしない方がいい。

    オ．所得格差と効率の追求は関係がない。

    カ．日本経済は生産性を高めないといけない。

2. 次の文章は総合月刊誌である「文芸春秋」から取り上げたものです。
　これは、政府の経済政策がどのように景気に影響を与えるかを、具
　体的な例をあげながら説明したものです。

政府が財政出動して景気を刺激して、モノが売れて新たな
需要が誘発され、雇用が増えていく。景気がよくなり企業
活動が活発になり雇用が増えれば、財政出動した分は法人
税や所得税となって政府にもどってくる。

つまり、公共投資で道路を作る、セメントがいる、セメン
トを作るために人を雇わなければならない、雇った人に賃
金を払う、その人は給料で消費財を買う、消費財が売れ
る、消費財を大量に作る機械を作る、設備投資が増える、
という具合に自然に民間の企業活動や消費活動が活発にな
るはずだ。政府にはその分税金が入ってくる。（文芸春秋
97年12月号、水谷研治著「大不況を覚悟せよ」より）

〈 問 題 〉

① 第一段落と「つまり」ではじまる第二段落はどのような関係にあ
　るのでしょうか。

② 次の文はそれぞれ本文の内容とあっているでしょうか。

　　ア．政府がお金を出すと、いつかはそのお金は政府に戻ってく
　　　　る。

　　イ．モノが売れることは、雇用がふえることにつながる。

　　ウ．公共投資で道路を作っても、企業活動は活発にならない。

　　エ．道路を作るためには、セメントがいる。

　　オ．人は賃金で消費財を買うので、消費財が売れる。

③　全文を英語に訳してみなさい。

Lesson 7 ●●●●●●●●●●●●●●●●●●●●●●●

数 字
Suuji

Pre-reading Task

以下の数字を日本語で読んでみましょう。

a.   2, 100

b.   386, 000

c.   21, 995, 000

d.   345, 782, 630, 000

日本語で数字を読むのは決して簡単なことではありません。しかし、ビジネスの世界において数字ほど大切なものはありません。あなたの会社の売上や利益を示すのも、またあなたの会社の商品の値段も、取引先との契約金額もすべて数字で示されます。ですから数字を読み間違えたりすると、大変な失敗につながりかねません。

そこで、ここではどのようにしたら日本語でうまく数字をよむことができるのか、その方法を学びます。

1 | 数字の読み方 I

これはもっとも基本的な数字の読み方で、コンマを基準にします。下の例のように一番下（右）のコンマのすぐ上（左）の位は「千」、二番目は「１００万」、三番目は「１０億」、四番目は「兆」というように覚えておきます。

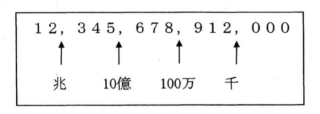

数字を見たら、まず最初に一番上の位（左）のコンマがどの位のコンマなのか、つまり下（右）から何番目のコンマなのかをみます。そして、そのコンマを基準にして一番上の数字の位が何なのかを決めます。

例1 78,000

上の例１の数字にはコンマがひとつしかありません。ということは、そのすぐ左の「８」は「８千」だということが分かります。したがって、その左の７は「７万」で、この数字は「７万８千」だということがわかります。

例2 345,890,000

一番位の大きなコンマは下から２番目のコンマです。ということは、そのすぐ左どなりの位は「100万」で「５」は「500万」、そのまたすぐ左は「1,000万」で「４」は「4,000万」、そして一番左は「億」で「３」は「３億」だということがわかります。また「５」のすぐ下の「８」の位は

１０ ０万のすぐ下なので「１０万」で「８０万」、「９」の位は「万」で「９万」だとわかります。ですからこの数字は、３億４千５百８拾９万（３億４，５８９万）だということが分かります。

<練習１> この方法を使って以下の数字をよみなさい。

① 4,600

② 185,000

③ 34,812,900

④ 6,834,911,230

⑤ 276,612,900,450

<練習２> ビジネスでは、さまざまな表やグラフを使います。下の表の中の数字をすべて読んでみなさい。（※ 単位に注意しなさい。）

支店別売上高 　　　（単位：千円）

	7月	8月	9月
東京本店	569,020	682,350	634,542
大阪支店	456,403	530,144	499,803
福岡支店	320,701	398,761	355,710

四半期別売上 　　　（単位：十億円）

	第1四半期	第2四半期	第3四半期	第4四半期
国内営業部	37	34	36	40
国際営業部	67	70	62	89

2 | 数字の読み方 Ⅱ

次は日本独特の読み方です。下の例のように、数字をすべて下から４つず
つの数字のグループに区切ってしまいます。そして上から順番にそれぞれ
のグループの中で、ふつうに「何千何百何十何」と読み、最後にそれぞれ
のグループの単位である「兆」「億」「万」をつけるだけです。一番下の
グループには何も単位をつける必要はありません。

```
13,│472, 6│79, 58│0, 236
兆  │  億    │  万   │
```

上の例では、上から順番に、一番上のグループの数字は「13」、そしてこ
のグループの単位は「兆」なので「13兆」、次のグループは単位が「億」
で「4,726億」、その次は単位が「万」で「7,958万」。ですから、この数
字は「13兆4,726億7,958万236」と読めばいいのです。

<練習３> この方法を使って以下の数字をよみなさい。

① 64,500

② 235,900

③ 69,801,750

④ 4,633,805,700

⑤ 688,216,340,690

3 | 数字の読み方Ⅲ

ビジネスではただ数字を読んだり、書いたりするだけでなく、数字を使っ
てさまざまな計算をします。ここでは計算する時に使う数式の読み方や書
き方などについて学びます。

1. 数式

① 足し算

$3+4=7$ 　　　　　　　　　3 たす 4 は 7

$10,000+5,000=15,000$ 　　　10,000 たす 5,000 は 15,000

② 引き算

$5-2=3$ 　　　　　　　　　5 ひく 2 は 3

$10-100=-90$ 　　　　　　10 ひく 100 はマイナス 90

③ 掛け算

$6×3=18$ 　　　　　　　　6 かける 3 は 18

$2×(-10)=-20$ 　　　　　2 かけるマイナス 10 はマイナス 20

④ 割り算

$12÷6=2$ 　　　　　　　　12 わる 6 は 2

$1÷5=0.2$ 　　　　　　　　1 わる 5 はれいてん 2

※ 数式でなく、会話のなかで計算を説明するには以下のように表現しま
す。

$3+4=7$ 　　　　　　　3 に 4 をたすと 7 (になる)

　　　　　　　　　　　　3 と 4 をたすと 7 (になる)

$5-2=3$ 　　　　　　　5 から 2 をひくと 3 (になる)

$6×3=18$ 　　　　　　6 に 3 をかけると 18 (になる)

　　　　　　　　　　　　6 と 3 をかけると 18 (になる)

$12÷6=2$ 　　　　　　12 を 6 でわると 2 (になる)

2. 小数点

少数点までは、ふつうの数字の読み方をし、次に小数点を「てん」と
読み、小数点から下はひとつずつ数字を読みます。

① 31. 1　　　31 点（てん）1

② 100. 12　　100 点 1（いち）2（に）

③ 0. 2　　　れい点 2

④ 0. 34　　　れい点 3（さん）4（よん）

※ アメリカでは「0. 17」の代わりに「. 17」と書くことがほとんどで
すが、日本では「0. 17」と必ず 0 を書き「れいてんいちなな」と読み
ます。

3. 分 数

まず分母（ぶんぼ ＝ denominator）の数字をふつうに読み、次に「分
（ぶん）の」と読み、最後に分子（ぶんし ＝ numerator）の数字をふつ
うに読みます。

$\dfrac{1}{2}$　　　2 分の 1

$\dfrac{1}{10}$　　　10 分の 1

4. 倍 数

Our sales dropped <u>by half</u> from last year.	半分に減った。
They have <u>twice as many</u> branches as we do.	支店の数は（2）倍だ。
The stock price is <u>ten times</u> as high as two years ago.	株価は2年前の10倍だ。

〈練習４〉下の各文の下線部_____に適切な言葉を下の語群から選びなさい。（※ ひとつとはかぎりません。似ている文章は助詞に注意しなさい。）

① 今年の売上げは100億円、去年は80億円だったので、_____増えました。

② 学生数は去年の1000人から今年は3000人へと_____に増えました。

③ この町の人口は１万人から5000人へと_____に減りました。

④ 店の利益は去年の700万円から今年は300万円へと_____に減りました。

⑤ 店の利益は去年の700万円から今年は300万円へ_____減りました。

⑥ 20年前に買った時2ドルだった株価が今年は42ドルまで_____にあがりました。

⑦ 20年前に買った時2ドルだった株価が今年は42ドルまで_____あがりました。

⑧ 社員数を現在の360人からなんとか240人まで_____に減らす計画です。

⑨ 社員数を現在の360人からなんとか240人まで_____減らす計画です。

ア．80パーセント　　イ．3分の2　　ウ．2分の3

エ．40ドル　　オ．7分の3　　カ．7分の4　　キ．半分

ク．2分の1　　ケ．倍　　コ．2倍　　サ．3倍

シ．20パーセント　　ス．25パーセント　　セ．3分の1

ソ．21倍　　タ．3分の7　　チ．4分の7　　ツ．21分の1

〈練習 5〉下の表をみて質問に答えなさい。答えは数字を使って声に出して正しい日本語で読みなさい。

支店別販売高　　　　（単位：百万円）

支店	1995 年	1996 年	1997 年	1998 年	合 計
札幌店	1, 345	1, 367	1, 403	1, 446	5, 561
新潟店	987	1, 045	1, 103	1, 344	
横浜店	2, 340	2, 463	2, 859	3, 170	10, 832
京都店	1, 563	1, 666	1, 411	1, 565	6, 205
広島店	693	655	687	672	2, 707

① 札幌支店の1995年の販売高はいくらですか。

② 新潟支店の1995年から1998年までの販売高の合計はいくらですか。

③ 横浜支店の販売高は1995年から1997年にかけてどの程度増えましたか。

④ 京都支店の販売高は1996年から1997年にかけてどう変わりましたか。

⑤ 1998年の広島支店の販売高は同年の新潟支店の販売高と比べてどうですか。

⑥ 横浜支店の1995年から1998年までの販売高の合計は広島支店の合計と比較してどうですか。

Vocabulary

数字	すうじ
ビジネス	ビジネス
世界	せかい
会社	かいしゃ
売上	うりあげ
利益	りえき
取引先	とりひきさき
契約	けいやく
金額	きんがく
コンマ	コンマ
位	くらい
単位	たんい
商品	しょうひん
値段	ねだん
足し算	たしざん
引き算	ひきざん
掛け算	かけざん
割り算	わりざん
少数	しょうすう
小数点	しょうすうてん
計算	けいさん
数式	すうしき
分数	ぶんすう
分母	ぶんぼ
分子	ぶんし
支店	してん
株価	かぶか

Lesson 8 ••••••••••••••••••••••••••

計 算
Keisan

前章では基本的な数字の読み方、書き方をまなびましたが、この章では実
際に数字を使って、計算を行う練習をします。数字の使い方は通常の日本
語クラスではなかなか出てこないので、ここで練習問題を解いて慣れて下
さい。

1 | 株式投資 I

田中商事は富士銀行の普通口座に1億4,000万円の現金がありますが、金利が年1.2%と非常に低いため、これを他で運用しようと考えています。

このところ景気が回復し、企業の業績も上向いていることから、株式市場も好調なため、この1億4,000万円を株に投資することにしました。田中商事が投資した株は以下のとおりです。尚、株の購入日は4月1日です。

会社名	株数	株価
A社	60,000 株	¥ 750
B社	26,000 株	¥ 1,200
C社	12,000 株	¥ 2,500
D社	11,000 株	¥ 1,550

しかし全額を株に投資するとリスクが大きいため、株を購入した残りの現金はCD（年利 2.00%）で運用することにしました。さて1ヶ月後、現金が必要になったため、購入した株を全部売却することにしました。5月1日の株価は以下のとおりになりました。

会社名	株数	株価
A社	60,000 株	¥ 780
B社	26,000 株	¥ 1,340
C社	12,000 株	¥ 2,350
D社	11,000 株	¥ 1,600

（※ 手数料、税金などは考慮しません。）

＜ 問 題 ＞

1. 現金（cash）はカタカナでも通常用いられます。以下のうちどれが正しいですか。

    ①　カッシュ

    ②　キャシュ

    ③　キャッシュ

    ④　キャッシ

2. 「金利」と「利子」の違いはなんでしょうか。

3. 「このところ」を別の言葉でおきかえるとしたらどのような言葉がいいでしょうか。

4. 「4月1日」は「ついたち」と読みます。1日から10日までどのように言いますか。声に出して読んでみましょう。

    ①　1日

    ②　2日

    ③　3日

    ④　4日

    ⑤　5日

    ⑥　6日

    ⑦　7日

    ⑧　8日

    ⑨　9日

    ⑩　10日

＜ 計算問題 ＞

1.　もし田中商事が４月１日から５月１日までの１ヶ月間、そのまま
　　富士銀行の普通口座に１億4,000万円を預けておいたとしたら、
　　この１ヶ月分の銀行からの利子はいくらになりますか。

2.　４月１日に田中商事が購入した株の購入代金はＡ社～Ｄ社それぞ
　　れいくらですか。またその合計はいくらですか。

3.　４月１日に株を購入したあと、いくら現金が残りＣＤに投資しま
　　したか。

4.　５月１日の株の売却代金はＡ社～Ｄ社それぞれいくらですか。ま
　　たその合計はいくらですか。

5.　田中商事では、株への投資でいくらキャピタルゲインまたはキャ
　　ピタルロスがありましたか。

6.　ＣＤで運用した現金は１ヶ月後、合計はいくらに増えましたか。

7.　株の売却代金とＣＤの売却代金を合わせると、田中商事の１億
　　4,000万円は１ヶ月後いくらに増えて(減って)いますか。

8.　銀行の普通口座にそのまま預けておいた場合と比べてどうですか。

9.　田中商事が行った投資、運用は成功しましたか。それとも失敗し
　　ましたか。

Vocabulary

商事	しょうじ
銀行	ぎんこう
口座	こうざ
現金	げんきん
金利	きんり
運用する	うんようする
景気	けいき
企業	きぎょう
業績	ぎょうせき
株式	かぶしき
市場	しじょう
投資	とうし
株	かぶ
購入日	こうにゅうび
株数	かぶすう
株価	かぶか
全額	ぜんがく
年利	ねんり
売却する	ばいきゃくする
手数料	てすうりょう
税金	ぜいきん
利子	りし
代金	だいきん
合計	ごうけい

2 | 株式投資 Ⅱ

佐藤商事は三和銀行の普通口座に 1 億4,000万円預けていますが、金利が年1.2％と非常に低いため、これを他で運用しようと考えています。

佐藤商事では、来週発表されるアメリカの貿易赤字が減るという噂があることと、またアメリカの長期金利が＿＿＿＿＿＿＿なことから、きっと円安ドル高になると予想しています。またアメリカの株式市場が好調なため、この 1 億4,000万円をドルにかえて米国株に投資することにしました。

佐藤商事が投資した株は以下のとおりです。尚、株の購入日は 4 月 1 日、またこの日の円ドルの為替レートは以下のとおりです。

会社名	株数	株価
A社	60,000 株	$ 7.50
B社	26,000 株	$ 12.00
C社	12,000 株	$ 27.25
D社	10,000 株	$ 9.75

4 月 1 日
$ 1 ＝ ¥ 111.20

しかし全額をドルにかえるとリスクが大きいため、株を購入した残りの現金は円建てのCD（年利 2.00％）で運用することにしました。さて 1 ヶ月後、円ドルの為替レート、株価は以下のとおりになり、さらに円がつよくなりそうだったので株を全部売却し円に戻すことにしました。

会社名	株数	株価
A社	60,000 株	$ 8.50
B社	26,000 株	$ 14.00
C社	12,000 株	$ 25.75
D社	10,000 株	$ 10.75

5月1日
$ 1 = ¥101.63

（※ 手数料、税金などは考慮しません。）

< 問 題 >

1. 「赤字」の反対語は何ですか。

2. 「長期金利が＿＿＿＿＿＿」が "the long-term interest rate is likely to be increased" の意味になるよう＿＿＿＿＿＿にもっとも適切なことばを下の①〜④から選びなさい。

   ① 増えそう

   ② 大きくなりそう

   ③ 引き上げられそう

   ④ 増加しそう

3. 「円安ドル高」とありますが、以下のような場合これは円高、円安、ドル高、ドル安のどれでしょうか。

   ① $1＝¥105　→　$1＝¥112

   ② $1＝¥103　→　$1＝¥98

4. 5月1日の為替レートは「＄1＝￥118.63」ですが、これはどのよ
うに読んだらいいのでしょうか。以下のうちもっとも適切なもの
を選びなさい。為替レートの言い方は決まった言い方があります

① 1ドルは118（ひゃくじゅうはち）てん6（ろく）3（さん）えん

② 1ドルは118（ひゃくじゅうはち）てん63（ろくじゅうさん）えん

③ 1ドル118（ひゃくじゅうはち）てん6（ろく）3（さん）えん

④ 1ドル118（ひゃくじゅうはち）えん6（ろく）3（さん）せん

⑤ 1ドル118（ひゃくじゅうはち）えん63（ろくじゅうさん）せん

< 計算問題 >

1. もし佐藤商事が4月1日から5月1日までの1ヶ月間、そのまま
富士銀行の普通口座に1億4,000万円を預けておいたとしたら、こ
の1ヶ月分の銀行利子はいくらになりますか。

2. 4月1日に佐藤商事が購入した米国株の購入代金はA社～D社そ
れぞれドルでいくらですか。また合計ではいくらですか。

3. 同じく円では合計いくらですか。

4. 4月1日米国株を購入したあと、円でいくら現金が残りCDに投
資しましたか。

5. 5月1日の米国株の売却代金はA社～D社それぞれドルでいくら
ですか。また合計ではいくらですか。

6. 同じく円では合計いくらですか。

7. 佐藤商事では、米国株への投資でいくら円のキャピタルゲインまたはキャピタルロスがありましたか。

8. ＣＤで運用した現金は１ヶ月後、いくらに増えましたか。

9. 米国株の売却代金とＣＤの売却代金を合わせると、佐藤商事の１億4,000万円は１ヶ月後いくらに増えて(減って)いますか。

10. 銀行の普通口座にそのまま預けておいた場合と比べてどうですか。

11. 佐藤商事が行った投資、運用は成功しましたか。それとも失敗しましたか。

Vocabulary

貿易赤字	ぼうえきあかじ
長期	ちょうき
引き上げる	ひきあげる
円安	えんやす
ドル高	ドルだか
米国株	べいこくかぶ
為替レート	かわせレート
円建て	えんだて
円高	えんだか

3 外貨預金

最近日本では、非常に金利の低い円に比較して金利の高い<u>外貨</u>預金（米ドルなど）の人気が高まっています。外貨預金は「円高で預け、円安で戻す」のが基本なため、<u>timing</u> にじゅうぶん気をつけることが <u>point</u> です。常に最新の金利と為替相場の動きをしっかりと <u>check</u> しなければいけません。外貨預金の為替レートは２つあります。円から外貨に替えるときのレートをＴＴＳ、外貨から円に替えるときのレートをＴＴＢといいます。

鈴木さんは、ドルの金利が高いことに注目し、はじめてドルでの外貨預金をしてみることにしました。預金金額は100万円、預け入れ時のドルの金利は年利3.00％でした。またＴＴＳは＄1＝￥105（1ドル105円）でした。

〈 問 題 〉

1. 外貨にはアメリカのドルの他にどのようなものがあるでしょうか。例をいくつかあげなさい。

2. 以下の英語をカタカナになおしなさい。
   ① timing
   ② point
   ③ check

〈 計算問題 〉

1. ドル預金を開始し、100万円でいくらドルが購入できたでしょうか。

2．このドルを年利3.00％で12ヶ月間運用すると、利子と元本あわせて合計でいくらになっているでしょうか。

3．12ヶ月後、このドルを円に戻すことにしました。この時の為替レートTTBが＄1＝¥110と円安になったら、円での受け取り金額は合計いくらになるでしょう。

4．この場合の円での実質の利回りは何パーセントでしょうか。

5．12ヶ月後の為替レートTTBが＄1＝¥100と逆に円高になった場合、円での受け取り金額は合計いくらになるでしょう。

6．同じくこの場合の円での実質の利回りは何パーセントでしょうか。

Vocabulary

外貨	がいか
預金	よきん
最新	さいしん
相場	そうば
金額	きんがく
預け入れる	あずけいれる
元本	がんぽん
受取る	うけとる
実質	じっしつ
利回り	りまわり

4 収支計算

大田産業はTシャツを専門に扱う問屋です。本社は東京に事務所を年契約で借りていて、年間1,440万円の家賃を月割りで支払っています。また今月はとても暑かったため、電気料金など水道光熱費で60万円もかかってしまいました。

従業員は正社員が10人、アルバイト及びパートが3人で月400万円の人件費がかかります。それ以外に社長を含め3人の役員がいて、合計月250万円かかります。また今月は役員以外全員に、正社員は一人当たり5万円、アルバイト、パートは一人当たり2万円ずつボーナスを支給しました。

今月の売り上げはTシャツ12万枚でした。Tシャツ1枚当たりの販売価格（卸売価格）は1,000円で、その売上原価は卸売価格の8割です。

また今月は新しい販売店も増やそうと考え、毎日のようにレストランなどで客を接待し今月だけで180万円使いました。また週末に2回やはり接待ゴルフがあり1回あたり10万円かかりました。

広告宣伝については、販売店向けに商品カタログを作りこれを配布しました。全部で10,000部印刷し印刷費はカタログ1部当たり50円、またデザイン料は150万円かかりました。

その他には、事務用品代で10万円、商品の配達費に120万円かかりました

< 計算問題 >

1. 以下の表の空欄をうめなさい。

売上 _____

売上原価 _____

粗利益 _____

費用：

　家賃 _____

　水道光熱費 _____

　給料 _____

　役員報酬 _____

　ボーナス _____

　接待費 _____

　広告宣伝費 _____

　事務用品費 _____

　配達費 _____

　費用合計 _____

純利益 _____

2. さて大田産業の今月の収支はどうだったでしょうか。どの程度の利益がでたのでしょうか。

Vocabulary

産業	さんぎょう
専門	せんもん
扱う	あつかう
問屋	とんや
本社	ほんしゃ
事務所	じむしょ
契約	けいやく
家賃	やちん
月割り	つきわり
支払う	しはらう
電気料金	でんきりょうきん
水道	すいどう
光熱費	こうねつひ
従業員	じゅうぎょういん
正社員	せいしゃいん
アルバイト	アルバイト
パート	パート
人件費	じんけんひ
社長	しゃちょう
役員	やくいん
ボーナス	ボーナス
支給する	しきゅうする
売り上げ	うりあげ
販売	はんばい
価格	かかく
卸売	おろしうり

売上原価	うりあげげんか
〜割り	〜わり
販売店	はんばいてん
接待	せったい
宣伝	せんでん
商品	しょうひん
事務用品	じむようひん
配達	はいたつ
カタログ	カタログ
配布する	はいふする
印刷	いんさつ
収支	しゅうし
利益	りえき

Lesson 9 ....

ケーススタディー
Case Study

この章では、簡単なビジネスについて説明したミニケースを使って、単に内容の理解だけでなく、日本語でマーケティングや戦略など基本的なビジネスについての分析やディスカッションなどを行います。ビジネスの内容について日本語で読み、日本語で考え、日本語で答える練習をします。

---

1 スーパーストリートファイター II

コンビニエンスストア大手のローソンを経営するダイエー・コンビニエンス・システムズ（ＤＣＶＳ）が、コンビニエンスストアとしては初めてコンピューターゲームソフトの販売を開始しました。<u>まず第一弾としてスーパーストリートファイター II の予約販売を始めました</u>。販売価格は、メーカー希望小売価格の９％引きの9,980円で10万本程度の売り上げを<u>見込んでいます</u>。

スーパーストリートファイター II は、ゲームソフトメーカー、カプコンの人気シリーズの最新作です。コンビニエンスストアの店頭で前もって予約を＿＿＿＿＿＿、発売日に代金と<u>引き換え</u>に商品が購入者に渡されます。

ＤＣＶＳは、<u>全国</u>で4,866店のコンビニエンスストアを経営しており、今回のゲームソフト販売では、<u>その幅広い販売網</u>を利用し、新たな販売戦略を<u>はかった</u>ものです。メーカーのカプコンでは、これまで地方では人気ゲームソフトが手に入りにくかったのですが、コンビニエンスストアでの販売により地方の顧客も拡大できると期待しています。また昼間、玩具店やコンピューターゲーム店に買いに行く時間のないサラリーマンなど新たな顧客層も開拓できると見込んでいます。

<u>コンビニ</u>は、これまで食品、日曜雑貨を中心に販売してきま

> したが、現在では、それ以外の商品にも力を入れており、書
>
> 籍ではセブンイレブンが最大の販路になっています。ゲーム
> ソフトにも<u>コンビニ</u>が参入した<u>ことで</u>、既存の玩具店が大き
> な影響を受けるものと予想されます。

< 問 題 >

1. 「まず第一弾」の意味として正しいのは以下のうちどれですか。

　① DCVS is <u>the first convenience store</u> to sell Super Street Fighter II.

　② Super Street Fighter II is <u>the first computer game software</u> for DCVS to sell.

　③ DVCS received <u>the first reservation</u> for the sale of Super Street Fighter II.

2. 以下のうち正しいのはどれですか。ひとつだけ選びなさい。

　① スーパーストリートファイターIIのメーカー希望小売価格は 9,980 円、販売価格は 9,082 円。

　② スーパーストリートファイターIIのメーカー希望小売価格は 10,967 円、販売価格は 9,980 円。

　③ スーパーストリートファイターIIのメーカー希望小売価格は 9,082 円、販売価格は 9,980 円。

　④ スーパーストリートファイターIIのメーカー希望小売価格は 9,980 円、販売価格は 10,967 円。

3. DCVSでは、スーパーストリートファイターIIの売り上げをどのくらい予想していますか。最も適切なものを以下からひとつ選びなさい。

　　　① 約 1 千万円

　　　② 約 1 億円

　　　③ 約 10 億円

　　　④ 約 100 億円

4．「見込んでいます」を別の言葉におきかえる場合、以下のうち意味がもっとも近くないのはどれですか。ひとつ選びなさい。

　　　① 計画しています

　　　② 予想しています

　　　③ 期待しています

　　　④ 確信しています

5．「予約を_____」(take reservation)の下線部に最も適切な言葉を以下からひとつ選びなさい。

　　　① 受け入れ

　　　② 受け取り

　　　③ 受け付け

6．「引き換えに」を別の言葉でおきかえるとしたら、以下のうちどれが最も適切ですか。

　　　① 交換に

　　　② 交代に

　　　③ 変換に

7．「全国」の意味として正しいのは以下のうちどれですか。

　　　① in Japan (all around Japan)

② in the world (all over the world)

8. 「その」とは何のことですか。

① ゲームソフトの

② カプコンの

③ コンビニエンスストアの

④ DCVSの

9. 「はかった」を漢字でおきかえるとしたら、以下のうちどれが最も適切ですか。

① 測った

② 図った

③ 計った

④ 謀った

⑤ 量った

10. 「コンビニ」とは「コンビニエンスストア」を短縮した形です。日本では外来語をこのように短くして使うことがしばしばあります。他にも例をいくつかあげてみなさい。

11. 「ことで」を別の言葉でおきかえるとしたら、以下のうちどれがもっとも意味がちかいですか。

① ために

② からこそ

③ にもかかわらず

④ が、しかし

＜ ディスカッション ＞

以下の質問について、クラスで話し合ってみましょう。

1． これまでコンピューターゲームソフトはどのようなところで売られ
ていましたか。

2． DCVSが経営するローソンは、これまでゲームソフトを売ってい
た店と比べてどのような点が違いますか。メリットは何ですか。

3． DCVSにとってローソンでゲームソフトを販売することには、と
のようなメリットがありますか。

4． カプコンにとって、コンビニエンスストアでゲームソフトを販売す
ることにはどのようなメリットがありますか。

5． 今回のDCVSとカプコンの販売戦略で既存の玩具店はどのような
影響を受けると予想されますか。

6． 今回のDCVSの新しい販売戦略とおなじように、これまでとは全
くちがう販売ルートで商品が売られる例をいくつかあげてみなさい

7． 今回のDCVSの新しい販売戦略についてあなたはどう思いますか
自由に意見を述べてみなさい。

Vocabulary

経営	けいえい
第一弾	だいいちだん
予約	よやく
メーカー	メーカー
希望小売価格	きぼうこうりかかく
見込む	みこむ
最新作	さいしんさく
受け付ける	うけつける
発売日	はつばいび
代金	だいきん
引き換える	ひきかえる
購入者	こうにゅうしゃ
全国	ぜんこく
販売網	はんばいもう
戦略	せんりゃく
顧客	こきゃく
玩具店	がんぐてん
サラリーマン	サラリーマン
顧客層	こきゃくそう
日曜雑貨	にちようざっか
商品	しょうひん
書籍	しょせき
販路	はんろ

2	全日空・デルタ航空提携

全日空と米航空会社のデルタ航空は広い範囲で業務提携することに合意しました。合意書_____、全日空は同社の国際線とデルタ航空の国内線を接続して同じ便名で運航する code sharing やデルタ航空の国内線の座席を買い取る block space などによって、デルタ航空の米国内の路線網を利用する計画です。

またデルタ航空に対しては、日本とアジアを結ぶ全日空の路線をデルタ航空が利用できる system を作る計画です。また check in などの空港業務を相互に委託したり、両社の予約 system の接続なども含まれています。

全日空の国際線が現在米国に乗り入れているのは、New York、Washington、Los Angeles の3空港だけですが、デルタの国内線を利用できれば、事実上、米国内の各地に路線をもつのと同じ効果があります。

〈 問 題 〉

1. 「合意書_____」を According to the agreement の意味になるようにするには_____に何という言葉を入れればよいでしょうか。以下のうち最も適切なものをひとつ選びなさい。

    ① 合意書によると、

    ② 合意書に一致して

    ③ 合意書に応じて

    ④ 合意書しだいでは、

2. 「同社」とは誰のことですか。

3. 本文中で英語で書かれている言葉をカタカナに直しなさい。

    ① code sharing

    ② block space

    ③ system

    ④ check in

    ⑤ New York

    ⑥ Washington

    ⑦ Los Angeles

4. 「_____に買い取る」の下線部に in advance の意味の言葉を入れるとしたら、以下のうちもっともふさわしくないのはどれですか。

    ① 以前に

    ② 事前に

    ③ 前もって

    ④ あらかじめ

5. 「事実上」は「事実」と「上」の二つの言葉にわけることができます。この場合の「上」の意味は何でしょうか。また「_____上」ということばの例をいくつかあげ、それぞれの意味を考えてみなさい。

〈 ディスカッション 〉

1. 全日空とデルタ航空が合意した業務提携にはどのようなものが含まれますか。

2. Code sharing とは何ですか。またそのメリットは何ですか。

3. Block space とは何ですか。またそのメリットは何ですか。

4. 全日空にとって、路線網を拡大するためにどうしてデルタ航空と業務提携する必要があるのですか。

5. 相互に委託できる空港業務にはどうような業務があると思いますか。いくつか例をあげてみなさい。

6. 相互に空港業務を委託するメリットは何ですか。

7. 競争が激しくなるエアライン市場のなかで、航空会社間でさまざまな業務提携が行われています。本文の例以外に航空会社間ではどのような業務提携が行われているのでしょうか。例をいくつかあげてみなさい。

8. 今回の全日空・デルタ航空の業務提携についてあなたはどう思いますか。自由に意見を述べてみなさい。

Vocabulary

航空会社	こうくうがいしゃ
業務	ぎょうむ
提携	ていけい
合意	ごうい
合意書	ごういしょ
国際線	こくさいせん
国内線	こくないせん
接続する	せつぞくする
便名	びんめい
運航する	うんこうする
座席	ざせき
買い取る	かいとる
路線網	ろせんもう
路線	ろせん
空港	くうこう
委託する	いたくする
乗り入れる	のりいれる

3	フォルクスワーゲン・アウディ

フォルクスワーゲン・アウディはドイツの自動車メーカー、フォルクスワーゲンとアウディの日本での joint venture で、日本市場での販売拡大を狙っています。これまでは両社とも日本の大手輸入代理店を　　日本市場での販売を行っていましたが、半年程前この代理店から独立して、現在は独自の販売ルートを　　日本でのシェア拡大を図っています。

まず愛知県に整備工場などを備えた日本で一番大きな輸入基地（輸入センター）を作り、日本での年間販売目標を現在の３倍の10万　　としました。さらに素早いアフターサービスに備えて部品倉庫も作り、24時間以内の配送を可能にしました。こうした設備投資だけで270億円かかりました。

販売店の確保も重要です。これまでは輸入代理店の販売店で売られていましたが、現在は自社系列の販売店の確保に力をいれています。同社では、あと６年間で250店まで販売店を増やす計画です。外国の自動車メーカーとしては、日本で最大の販売網をもつことになります。

輸入された自動車の品質管理も大きな課題です。輸入センターの整備工場では、品質面で最後の修正が行われます。輸送の時についた傷やドイツでは問題とならないような塗装のみだれも実際に車に触りながらチェックしま

す。徹底した検査を行い、場合によっては塗り直しも行います。

「日本のお客様は、髪の毛ほどの小さなスクラッチがあったり、あるいは右のドアと左のドアの閉まる音が違うというだけで、クレームをつけられたりします。日本のお客様の要求される品質は非常に高く、難しいと思います。」（フォルクスワーゲン・アウディ社長）

重要なのは店舗や設備だけではありません。修理工場の確保も大きな課題です。現在、同社ではひとつの販売店当たり２つ程度の修理工場と契約することで、サービスの拠点作りを急いでいます。専用の工具や看板などはメーカー側の負担で修理工場に提供します。こうした契約工場を年内に２００ヶ所余り開く予定です。

修理工場や販売店の確保など自動車を売るための準備は進んでいます。しかしそれだけでは販売の拡大には結びつかないようです。消費者の教育も重要な課題です。

「戦後、日本に輸入車が入ってきた当初は、金持ちなどに贅沢品として売られていました。そうした高級イメージが現在でも日本のお客様に残っていて、これが現在、大きな障害になっています。ですから『決してそうじゃないんだ』ということを消費者の皆様に再教育することが販売を拡大するためには非常に重要です。」

＜ 問 題 ＞

1． 「joint venture」をカタカナに直しなさい。また漢字ではどのように
　　 表わすことができますか。

2． 「日本の大手輸入代理店を＿＿」と「独自の販売ルートを＿＿」の
　　 下線部に through の意味の言葉を入れるとしたら、以下のうちどれ
　　 が適切ですか。 （ひとつとはかぎりません。）

　　 ① 通じて

　　 ② 通して

　　 ③ 通って

3． 「半年程前」を別の言葉におきかえるとしたら、以下のうちどれが
　　 適切ですか。

　　 ① 約半年前

　　 ② 約半年程前

　　 ③ 約半年程度前

4． 「10万＿＿」の下線部に車を数える時につける適切な言葉を入れな
　　 さい。

5． 「日本での年間販売目標」はどのくらいですか。

　　 ① 10,000 cars

　　 ② 30,000 cars

　　 ③ 100,000 cars

　　 ④ 300,000 cars

6. 日本での現在の販売台数はどのくらいですか。

7. 「24 時間＿＿＿」の下線部に以下から適切な言葉を選んで入れ、
within 24 hours の意味になるようにしなさい。

　　　① 以下

　　　② 以内

　　　③ 未満

8. 円とドルの為替レートが＄1＝¥100 とすると、「270 億円」はドル
でいくらですか。

9. 「同社ではひとつの販売店当たり2つ程度の修理工場と.....」の文
章の内容に基づくと、フォルクスワーゲン・アウディは年内に販売店
をいくつ開くと考えられますか。

１０. 何が「決してそうじゃないんだ」ですか。以下から最も適切なも
のを選びなさい。

　　　① 日本に輸入車が入ってきた当初、輸入車は金持ちなどに贅沢品
　　　　として売られていた。

　　　② 輸入車に対する高級イメージが現在でも日本人に残っている。

　　　③ 輸入車は、金持ちなどに贅沢品として売られる高級車だ。

< ディスカッション >

1. これまでフォルクワーゲン、アウディの両社は日本市場でどのよう
な販売ルートを使って販売していましたか。

2. 今後これをどのように変えていきますか。

3． 輸入基地にはどのような設備があり、どのような作業をおこないま
　　すか。

4． 今後どの程度にまで自社の販売ネットワークを拡大していく計画で
　　すか。

5． 品質面で日本のユーザーは外国のユーザーと比べてどうですか。

6． 今後修理工場をどの程度まで増やしていく計画ですか。またなぜ修
　　理工場の拠点作りが必要なのですか。

7． ユーザーのどのような再教育が必要だと言っていますか。またそれ
　　はなぜですか。

8． 外国企業が日本で販売するには多くの問題があります。このケース
　　で指摘されている問題点にはどのようなものがありましたか。

9． このケースで取り上げられている問題以外に、外国企業が日本で販
　　売する場合の問題点にはどのようなものがあるでしょうか。いくつ
　　か例をあげてみなさい。

Vocabulary

自動車	じどうしゃ
市場	しじょう
大手	おおて
輸入	ゆにゅう
代理店	だいりてん
独自	どくじ
整備	せいび
工場	こうじょう
部品	ぶひん
倉庫	そうこ
配送	はいそう
設備投資	せつびとうし
自社	じしゃ
工具	こうぐ
系列	けいれつ
販売網	はんばいもう
品質	ひんしつ
管理	かんり
修正	しゅうせい
塗装	とそう
検査	けんさ
店舗	てんぽ
設備	せつび
修理	しゅうり
契約	けいやく
拠点	きょてん

専用	せんよう
消費者	しょうひしゃ
看板	かんばん
負担	ふたん
贅沢品	ぜいたくひん
高級	こうきゅう

Sample Answers

Lesson 1

〈1〉 ひらがな・漢字・カタカナの役目

① 動詞の語尾変化、助詞などの機能語と呼ばれるものを表わすために使われ、文法的な役目をはたす。

② 名詞、動詞などの内容語と呼ばれるものを表わすために使われ、文の意味内容を示すために使われる。

③ 英語などの外来語を表わすために使われる。

〈2〉 ひらがな・漢字・カタカナのニュアンス

種類名:

A. 大和言葉 (やまとことば)、和語

B. 漢語

C. 外来語

ニュアンスの違い:

A. 会話的

B. 書き言葉的、抽象的

C. 新しい、感覚的、しゃれている、国際的

〈3〉 カタカナの発音

発音の特徴:

① モーラ (拍) という単位をもとにした発音となる。

② 英語のようなストレスがない。

③ 子音と子音の後、あるいは最後の子音の後に母音を挿入する。

カタカナ:

① ストップ

② マクドナルド

〈4〉 カタカナに慣れる

2. ①ア ②イ ③ウ ④エ ⑤ク ⑥ス ⑦コ ⑧ケ ⑨オ ⑩シ
⑪キ ⑫サ

3．①マルチメディア　②マネーサプライ　③フィードバック
　　④ベンチャービジネス　⑤フローチャート　⑥バイオテクノロジー
　　⑦プロダクション　⑧ディーラー　⑨ノウハウ
　　⑩テクニカルターム　⑪ソフトウェア　⑫スーパーバイザー
　　⑬シミュレーション　⑭コンセプト　⑮オファー
　　⑯インストラクション　⑰アウトレット　⑱アクセス
　　⑲アイデンティティー　⑳アイテム

4．① ブルーカラーの例は工場で働く人で、ホワイトカラーの例は銀行
　　　で働く人である。
　　② 私のオフィスでは、コンピューターを使ったネットワークが作ら
　　　れている。
　　③ 物を売るためには、市場を知るためにマーケティングをしっかり
　　　とする必要がある。
　　④ 多くのサラリーマンの日常生活はまず満員電車に乗るところから
　　　始まる。
　　⑤ スバルのアウトバック（自動車）は最近、モデルチェンジをして
　　　とてもよくなった。
　　⑥ 下の人の意見をとりいれるようなボトムアップの決断方法もみら
　　　れるようになった。
　　⑦ 日本人は働きすぎでいつも疲れているというイメージがある。

5．① part-time job ② gas station ③ condominium ④ cunning 　 ⑤ night
game ⑥ prime time ⑦ after dinner speech ⑧ wake-up call ⑨ power
outlet ⑩ (play) catch ⑪ commercial hotel ⑫ 　 infrastructure ⑬
motorcycle ⑭ air conditioner

6．① アメリカオンライン　②一般家庭　③テレビ　④誰でも簡単に使
　　えるオンラインサービス

Lesson 2

<1> インターネットの準備

1．①カ　②ス　③ア　④コ　⑤ク　⑥シ　⑦キ　⑧セ　⑨イ　⑩ソ
　　⑪オ　⑫エ　⑬サ　⑭ウ　⑮ケ

2. ① インターネットを使って、自宅にいながらにして買い物をしたりすること。本を買ったり、ホテルやレンタカーを予約したりすることができる。
　② ネットワークを介して、他のコンピューターからいろいろなデータを受信すること。
　③ ブラウザを使ってインターネット上のいろいろなサイトをめぐること。
　④ ネットワーク上で、キーボードに文字を入力しながらリアルタイムにおしゃべりをすること。
　⑤ ネットワークを使用する上で、守るべきエチケット。メールや返事の出し方についてのルールなどがある。

3. ①イ　②オ　③カ　④ケ　⑤キ

<2> インターネットの実践
　　略

Lesson 3

<1> コミュニケーション度診断
略

<2> 挨拶
①1　②2　③1　④1

<3> 言葉を使い分ける
①オ　②ウ　③カ　④エ　⑤キ　⑥ア　⑦イ

<4> 電話
1. ①です。謙譲語
　②です／といいます。謙譲語
　③ですね。尊敬語
2. ①昨日の会議に出席なさいましたか。
　②2時にお目にかかりたいのですが
　③いくつか質問させていただきたいのですが。
　④今日の新聞をお読みになりましたか。

３．①お会いになる／お目にかかる
　　②いらっしゃる／おる
　　③なさる／いたす
　　④めしあがる／いただく
　　⑤お飲みになる／いただく
　　⑥おっしゃる／もうしあげる
　　⑦いらっしゃる／まいる
　　⑧いらっしゃる／まいる
　　⑨ごらんになる／拝見する
　　⑩ご存知である／存じている
４．自分の上司とはいえ、会社の外の人に対していう場合は、ウチのメンバーと考えて謙遜して話すのがマナーである。
５．挨拶の一種であり、たとえそれほど世話になっていない場合でも、よく使う表現である。本来的には、相手がよくしてくれるからこそ今の自分、会社があるという意味で、相手に感謝の気持ちを表す言葉である。
６．いつも使うべきだということにはならないであろう。特に、相手との親しさを表現したいときには、かえって使うと逆効果になる場合もあると言えるだろう。

<5> 職場の人間関係
①　相手にもよるが、一般的には断る方がいい。
②　いつもご馳走になるのはよくないと言えるだろう。先輩だからといって甘えてばかりいるのはよくない。
③　できるだけ参加した方がいいだろう。人とのつながり、人間関係はとても大切である。
④　相手にもよるが、一般的には相手にできるだけ不快感を与えないように気をつけながら、注意した方がいい。
⑤　場合にもよるが、平服とはいえ、やはり背広、ネクタイで行った方が無難である。
⑥　送らないといけないというものではない。個人の自由意思にまかせられるだろう。

⑦　現金をお祝い専用の袋に入れて持っていく。物を持っていく習慣はほとんどない。

⑧　妻は招待されていないので、夫だけ行くのが一般的である。

⑨　後日、あらためて言うことがとても大切である。

＜6＞　ふさわしい言葉づかい

①　わたくし

②　どちらさまでしょうか

③　いかがでしょうか

④　ございません

⑤　いま席をはずしております

Lesson 4

＜1＞　売り込み

1．①　自社の変圧器を売り込もうとしている。
　　②　ウィルソンさんの強引なセールスに少しとまどっている。また、変圧器にあまり感心を示していない。

2．はじめまして。

3．①　私はウィルソンです。　→　ウィルソンと申します。
　　②　新しい変圧器を採用することを考えていますか。　→　新しい変圧器を採用することを考えていらっしゃいますか。
　　③　アメリカの電力会社にたくさん納入しています。　→　アメリカの電力会社にたくさん納入させていただいております。

4．あまりにも直接すぎて、失礼な言い方である。
　　どういう部署でしょうか。担当はどういう部署でしょうか。

5．興味がない。
　　興味があるので、少し考えている。

6．文の最後を不完全な形で終えることによって、相手への気配りを示そうとしている。自分中心で話すのではなく、聞き手を意識して、聞き手にも会話に参加させようという配慮の表われととることができるだろう。これは、相手をいらいらさせるためのものでは決して

なく、断りの意思表示をあいまいにすることによって、ていねいさ
を出そうとしている。

7. ものごとには順序というものがあり、すぐに結論を出すことはでき
ないという気持ちを伝えようとしている。
　『なんなんですが』は『なになのですが』の変形だと考えることが
できるだろう。『なに』は『あれ』という指示代名詞と同様であり、
この場合は、相手の言動について、『早すぎる』『せっかちであ
る』といった意味を示すために使われている。『なの』は理由を表
すために使われる表現だが、相手にとっても既知のことをいう（あ
るいは既知のことだと話し手が推理する）場合に使われる。

8. 打ち合わせは行われない可能性が高いといえる。また、このような
強引なやり方では、売り込みは成功しないだろう。

9. ① 自慢話しはあまりしないようにする。
　　② 尊敬語、謙譲語を使うようにする。
　　③ 相手の言動、しぐさにもっと注意を払い、もっと相手の気持ちを
　　　分かろうとする。

10. 略

<2> セールスの秘訣

1. 相手を気持ちよくさせることもあるが、それ以外に、転じて自分の
ことを話すためのきっかけを作るためでもある。

2. 相手の気分を害することになるとすれば、あまりいいこととはいえ
ない。

3. 自分のことについて話すチャンスを相手に作らせるということ。

4. 略

<3> アメリカ人の売り込み

① ○　② ×　③ ○　④ ○　⑤ ×　⑥ ○　⑦ ×　⑧ ○　⑨ ×

Lesson 5

<1> 社内文書
　　③

<2> 企画会議通知
1. ②
2. ②

<3> 契約書
1. ②
2. ②

<4> あいさつ状
   ②

<5> 会社定款
   ②

<6> 新聞記事
   ④

<7> グラフ
   ②

Lesson 6

<1> 使用頻度の高い漢字
2.
① ぼうえきには　ゆにゅう　と　ゆしゅつがある。
　　In trade, there is importing and exporting.
② ちかとは　とち　の　かかくのことだ。
　　Land value means the price of land.
③ せいふは　のうぎょうに　ほじょきんを　だしている。
　　The government gives financial aid to agriculture.
④ にほんは　げんりょうを　ゆにゅうし　それをかこうして　ゆしゅつ
　　するという　かこうぼうえきが　ちゅうしんだ。
　　Japan is focused on "process goods trade," which imports raw
　　materials, processes them, and then exports the product.

⑤ ほんぎんこうが　かいにゅうして　かわせレートを　ひきあげた。
Bank of Japan intervened by raising exchange rates.

⑥ さんだいとしけん　に　じんこうが　しゅうちゅうしている。
The population is focused in the three major metropolitan areas.

⑦ みんかんきぎょうは　こうりつせいを　たかめて、りじゅんを　あげなければならない。
Private enterprise must raise its efficiency and increase profits.

⑧ せつびとうしを　するためには　しほんがいる。
Capital is necessary in order to invest in facilities.

⑨ こうどけいざいせいちょうきには、けいざいかつどうは　さかんで、けいきも　よかった。
At the height of the growth period, the economy was active and the market was also well off.

⑩ せんしんこくの　あいだで　けいざいきょうりょくを　することが　たいせつだ。
Economic cooperation among advanced nations is important.

⑪ じどうしゃさんぎょうなどで　ぼうえきくろじを　へらすように、ぎょうせいしどうが　なされることがある。
There is sometimes government direction to reduce trade surpluses in areas such as the auto manufacturing industry.

⑫ けいきこうたいを　ふせぐために　こうきょうとうしを　することはけいざいせいさくの　ひとつだ。
One economic strategy to prevent losses is public investment.

4. ① よさんはいぶん／budget distribution
　 ② ほうじんけいえい／corporate management
　 ③ きぎょうこうぞう／corporate structure
　 ④ けいざいせいさく／economic policy
　 ⑤ けいきせいさく／economic policy
　 ⑥ けいえいしきん／management budget
　 ⑦ ぼうえきさんぎょう／trade industry

〈2〉 専門用語に慣れる

1.

    ア

② ア、円高

    イ、雇用調整

    ウ、国際競争の激化

    エ、途上国からの追い上げ

    オ、規制緩和

③ 『そのさい』の前と後で区切る。

④ 生産性を高めることが、日本経済に求められている。

⑤ ア、イ、カ

2.

① 第一段落は抽象的だが、第二段落は具体的な例をあげながら分かりやすく第一段落の内容を説明している。

②

    ア、マル

    イ、マル

    ウ、バツ

    エ、マル

    オ、マル

    ③

Government financial mobilization stimulates business. Sales increases cause new demand and a rise in employment. If business gets better, if company activities become more active, and if employment goes up, then the money that was mobilized returns to the government in the form of corporate taxes and income taxes. In other words, when roads are built with public investments, cement is needed and workers must be hired to make it. The workers are paid wages that they in turn use to buy consumer goods. The consumer goods are sold, which leads to the construction of machines for mass-production of products. This requires an increase in equipment/facility investments. In this way, private company activity and consumer activity should naturally become active, and then taxes from these activities go back to the government. (Kenji Mizutani, "Prepare for a Big Recession", Bungei Shunjuu [December 1997].)

Lesson 7

〈練習1〉

① よんせん　ろっぴゃく
② じゅうはちまん　ごせん
③ さんぜんよんひゃくはちじゅういちまん　にせんきゅうひゃく
④ ろくじゅうはちおく　さんぜんよんひゃくきゅうじゅういちまん　せんにひゃくさんじゅう
⑤ にせんななひゃくろくじゅうろくおく　せんにひゃくきゅうじゅうまん　よんひゃくごじゅう

〈練習2〉

支店別売上高　　　　　　（単位：千円）

	7月	8月	9月
東京本店	ごおく　ろくせんきゅうひゃくにまん（えん）	ろくおく　はっせんにひゃくさんじゅうごまん（えん）	ろくおく　さんぜんよんひゃくごじゅうよんまん　にせん（えん）
大阪支店	よんおく　ごせんろっぴゃくよんじゅうまん　さんぜん（えん）	ごおく　さんぜんじゅうよんまん　よんせん（えん）	よんおく　きゅうせんきゅうひゃくはちじゅうまん　さんぜん（えん）
福岡支店	さんおく　にせんななじゅうまん　せん（えん）	さんおく　きゅうせんはっぴゃくななじゅうろくまん　せん（えん）	さんおく　ごせんごひゃくななじゅういちまん（えん）

四半期別売上　　　　　（単位：十億円）

	第1四半期	第2四半期	第3四半期	第4四半期
国内営業部	さんびゃくななじゅうおく（えん）	さんびゃくよんじゅうおく（えん）	さんびゃくろくじゅうおく（えん）	よんひゃくおく（えん）
国際営業部	ろっぴゃくななじゅうおく（えん）	ななひゃくおく（えん）	ろっぴゃくにじゅうおく（えん）	はっぴゃくきゅうじゅうおく（えん）

〈練習3〉

① ろくまん　よんせんごひゃく

② にじゅうさんまん　ごせんきゅうひゃく

③ ろくせんきゅうひゃくはちじゅうまん　せんななひゃくごじゅう

④ よんじゅうろくおく　さんぜんさんびゃくはちじゅうまん　ごせんななひゃく

⑤ ろくせんはっぴゃくはちじゅうにおく　せんろっぴゃくさんじゅうよんまん　ろっぴゃくきゅうじゅう

〈練習4〉

①ス　②サ　③キ、ク　④オ　⑤カ　⑥ソ　⑦エ　⑧イ　⑨セ

〈練習5〉

① 13億4,500万円（じゅうさんおく　よんせんごひゃくまんえん）

② 44億7,900万円（よんじゅうよんおく　ななせんきゅうひゃくまんえん）

③ 5億1,900万円（ごおく　せんきゅうひゃくまんえん）増えた

④ 2億5,500万円（におくごせんごひゃくまんえん）減った

⑤ 半分；　2分の1

⑥ 約4倍

Lesson 8

[1] 株式投資 I
〈問題〉

1.
③

2.
金利(きんり)は interest rate のことでパーセントであらわしますが、利子(りし)は interest のことでドル($)や円(¥)であらわします。たとえば、100万円を金利10%で1年あずけると、利子は10万円になります

3.
最近（さいきん）

4.
①ついたち　②ふつか　③みっか　④よっか　⑤いつか　⑥むいか　⑦なのか　⑧ようか　⑨ここのか　⑩とうか

〈計算問題〉

1. 14万円（じゅうよんまんえん）（¥140,000,000×1.2%÷12）

2. A社45,000,000円（よんせんごひゃくまんえん）
   B社31,200,000円（さんぜんひゃくにじゅうまんえん）
   C社30,000,000円（さんぜんまんえん）
   D社17,050,000円（せんななひゃくごまんえん）
   合計123,250,000円（いちおくにせんさんびゃくにじゅうごまんえん）

3. 16,750,000円（せんろっぴゃくななじゅうごまんえん）（140,000,000円－123,250,000円）

4. A社46,800,000円（よんせんろっぴゃくはちじゅうまんえん）、
   B社34,840,000円（さんぜんよんひゃくはちじゅんよんまんえん）、
   C社28,200,000円（にせんはっぴゃくにじゅうまんえん）
   D社17,600,000円（せんななひゃくろくじゅうまんえん）
   合計127,440,000円（いちおく　にせんななひゃくよんじゅうよんまんえん）

5．キャピタルゲイン　4,190,000円（よんひゃくじゅうきゅうまんえ
　　ん）（127,440,000円－123,250,000円）

6．16,777,917円（せんろっぴゃくななじゅうななまん　ななせんきゅう
　　ひゃくじゅうななえん）（16,750,000円＋16,750,000円×2.0%÷
　　12）

7．144,217,917円（いちおく　よんせんよんひゃくにじゅういちまん　な
　　なせんきゅうひゃくじゅうななえん）に増えた。

8．銀行にあずけたとしたら14万円しか利子がつかなかったが、株とC
　　Dに投資して421万7,917万円増えた。

9．成功した。

[2]　株式投資Ⅱ

〈問題〉

1．黒字（くろじ）

2．③

3．①円安ドル高、②円高ドル安

4．⑤

〈計算問題〉

1．14万円（じゅうよんまんえん）（￥140,000,000×1.2%÷12）

2．A社450,000ドル（よんじゅうごまんどる）
　　B社312,000ドル（さんじゅういちまん　にせんどる）
　　C社327,000ドル（さんじゅんにまん　ななせんどる）
　　D社97,500ドル（きゅうまん　ななせんごひゃくどる）
　　合計1,186,500ドル（ひゃくじゅうはちまん　ろくせんごひゃくど
　　る）

3．131,938,800円（いちおく　さんぜんひゃくきゅうじゅうさんまん　は
　　っせんはっぴゃくえん）（＄1,186,500×￥111.20）

4．8,061,200円（はっぴゃくろくまん　せんにひゃくえん）

5．A社510,000ドル（ごじゅういちまんどる）
　　B社364,000（さんじゅうろくまん　よんせんどる）
　　C社309,000ドル（さんじゅうまん　きゅうせんどる）

D社 107,500 ドル（じゅうまん ななせんごひゃくどる）
合計 1,290,500 ドル（ひゃくにじゅうきゅうまんごひゃくどる）

6．131,153,515 円（いちおく　さんぜんひゃくじゅうごまん　さんぜんご
ひゃくじゅうごえん）（＄1,290,500×¥101.63）

7．キャピタルロス　785,285 円（ななじゅうはちまん　ごせんにひゃく
はちじゅうごえん）（¥131,153,515−¥131,938,800）

8．8,074,635 円（はっぴゃくななまん　よんせんろっぴゃくさんじゅう
ごえん）（¥8,061,200＋¥8,061,200×2.0%÷12）

9．139,228,150 円（いちおく　さんぜんきゅうひゃくにじゅうにまん
はっせんひゃくごじゅうえん）に減った。

10．銀行にあずけていたら 14 万円利子がついたが、株とCDに投資して
1 億 4,000 万円が 1 億 3,922 万 8,150 円に減ってしまった。

11．失敗した。

［3］ 外貨預金

〈問題〉

1．イギリス−ポンド、ドイツ−マルク、フランス−（フランス）フラン、
スイス−（スイス）フラン、イタリア−リラ、ロシア−ルーブル、カ
ナダ−（カナダ）ドル、メキシコ−ペソ　など

2．①タイミング　②ポイント　③チェック

〈計算問題〉

1．9,523 ドル 81 セント（きゅうせんごひゃくにじゅうさんどる　はちじ
ゅういっせんと）（¥1,000,000÷¥105）

2．9,809 ドル 52 セント（きゅうせんはっぴゃくきゅうどる　ごじゅうに
せんと）（＄9,523.81＋＄9,523.81×3.0%）

3．1,079,047 円（ひゃくななまん　きゅうせんよんじゅうななえん）
（＄1,809.52×¥110）

4．7.9%（ななてん　きゅうパーセント）
（¥1,079,047−¥1,000,000）÷¥1,000,000×100

5．980,952 円（きゅうじゅうはちまん　きゅうひゃくごじゅうにえん）
（＄9,809.52×¥100）

6．-1.9%（マイナス いちてん きゅうパーセント）

[4] 収支計算

1.

売上	￥120,000,000	120,000枚×￥1,000
売上原価	￥96,000,000	￥120,000,000×0.8
粗利益	￥24,000,000	
費用：		
家賃	￥1,200,000	￥14,400,000÷12
水道光熱費	￥600,000	
給料	￥4,000,000	
役員報酬	￥2,500,000	
ボーナス	￥560,000	（￥50,000×10人）＋（￥20,000×3人）
接待費	￥2,000,000	￥1,800,000＋（￥100,000×2）
広告宣伝費	￥2,000,000	（￥50×10,000部）＋￥1,500,000
事務用品費	￥100,000	
配達費	￥1,200,000	
費用合計	￥14,160,000	
純利益	￥9,840,000	

2．984万円の利益があった。

Lesson 9

[1] スーパーストリートファイターⅡ

<問題>

1．②

2．②

3．③（￥9,980×100,000本＝￥998,000,000　9億9,800万円）

4．④

5．③

6．①

7．①

8．④

9．②

10．パソコン（パーソナルコンピューター＝personal computer）

デジカメ（デジタルカメラ＝digital camera）

インフレ（インフレーション＝inflation）

インフラ（インフラストラクチャー＝infrastructure）

11．①

〈ディスカッション〉

1．玩具店やコンピューターゲーム店

2．24時間あいている（または夜おそくまであいている）。

店の数が多い（日本の場合、駅のちかくなどに多くある）。

地方にも店がある。

メリット：

昼間、玩具店やコンピューターゲーム店に買いに行く時間のないサ

ラリーマンなども買いに行くことができる。

地方で手に入りにくかったゲームソフトがこれからは地方でも買い

やすくなる。

3．新たな顧客層が開拓できる。

コンピューターゲームソフトを買いに来た人が他の商品も買ってい

く。

4．地方の顧客も拡大できる。これまでは玩具店やコンピューターゲー

ムソフト店などでしか販売していなかったが、新しい販路によって

売上（うりあげ＝sales）がふえる。

5．顧客をコンビニにとられるため、売上がへる。

6．本＝Amazon.com など

7．略

[2]全日空・デルタ航空提携

〈問題〉

1．①

2．全日空（ぜんにっくう＝All Nippon Airways）

3．①コードシェアリング、②ブロックスペース、③システム、④チェックイン、⑤ニューヨーク、⑥ワシントン、⑦ロサンゼルス

4．①

5．意味＝in point of、from the view point of
　　法律上（ほうりつじょう＝legally）
　　環境上（かんきょうじょう＝environmentally）

ディスカッション〉

1．コードシェアリング（全日空の国際線とデルタ航空の国内線を接続して同じ便名で運行する）。
　　ブロックスペース（デルタ航空の国内線の座席を事前に買い取る）。
　　日本とアジアを結ぶ全日空の路線をデルタ航空が利用できるシステムを作る。
　　チェックインなどの空港業務を相互に委託する。
　　予約システムの接続。

2．全日空の国際線とデルタ航空の国内線を接続して同じ便名で運行すること。メリットとしては、日本人がアメリカ、例えば、ソルトレークシティに行く場合、東京からロサンゼルス、ロサンゼルスからソルトレークシティまで別々のフライトを予約しなくてすむので、全日空を使いやすくなる。全日空にとっては、ソルトレークまでのフライトを自社でもっていないが、デルタ航空とのコードシェアリングによって、顧客にたいしてソルトレークまでのフライトがあると言うことができるため、東京からソルトレークまでのフライトをもっている航空会社（例えばユナイテッド航空、東京〜サンフランシスコ、サンフランシスコ〜ソルトレーク）に対抗することができる。

3．デルタ航空の国内線の座席を事前に買い取ること。メリットとしては、例えば、東京からソルトレークへ行く乗客の座席を何席か事前に用意しておくことができるため、予約がとりやすくなる。

4．自社で米国に乗り入れているのはニューヨーク、ワシントン、ロサンゼルスだけなので、他の空港へ行く顧客をとるには、米国内の各地に路線をもっている航空会社と提携する必要があるため。

5．チェックイン、搭乗（とうじょう＝boarding）など

6．別々に人を雇わなくてすむため、コストを下げることができる。

7．略

8．略

[3] フォルクスワーゲン・アウディ

〈問題〉

1．ジョイントベンチャー、合弁会社

2．①と②

3．①

4．台（だい）

5．③

6．約33,000台（100,000台÷3）

7．②

8．2億7,000万ドル

9．100（200÷2）

10．③

〈ディスカッション〉

1．日本の大手輸入代理店を通して販売していた。

2．独自（自社）の販売ルートを通して販売する。

3．部品倉庫を作り部品を用意しておく。品質面の最後の修正を行う（塗装のチェックなど）。

4．あと6年間で250店まで販売店を増やす。

5．客の要求する品質は非常に高い。

6．ひとつの販売店当り2つ程度の修理工場と契約する。
車がこわれた時、修理してくれる工場がないとお客は車を買ってくれないため。

7．輸入車は贅沢品としての高級イメージが残っているので、普通の人でも買える車だということを再教育する。高級イメージがあると、最初から買うのをあきらめてしまう人がいるから。

8．販売ルート、輸入体制、販売店の確保、品質、修理工場、イメージなど

9. 例えば、ファーストフード店（マクドナルド、ケンタッキーフライ
   ドチキン）などでは、日本人の好みにあわせて、日本でのメニュー
   を変えたりしている。製薬会社（せいやくがいしゃ＝pharmaceutical
   company）では日本人の体にあわせて販売する薬の使用量（しようり
   ょう＝dosage）を減らしたりしている。